KB265842

경제지식이 힘이다

경제지식이 힘이다

맹 정 섭 지음

미래와경영

이른 아침, 눈을 뜨며 조간신문을 펼쳐 봅니다. 아직도 채 마르지 않은 잉크냄새가 코끝을 찌르는 순간 이제 조금씩 맑은 정신이 들기 시작합니다. 신문 지면마다 각종의 뉴스거리가 눈에 띄지만 그래도 제일 먼저 접하는 것은 1면과 경제면입니다. 오늘의 주요 기사가 무엇인지와 바로 경제 현실에 대한 기사를 먼저 펼쳐 보는데, 이렇게 하는 이유는 아마도 요즈음 같은 경제현실에 보다 많은 정보를 읽고 정확한 경제흐름을 파악하려는 의도이지요. 하지만 특별히 깊이 있게 경제공부를 한 것도 아니고 전문지식이 아주 많은 경우가 아니라서 지면에 실린 수많은 생생한 정보들을 제대로 소화하기에는 무리수가 많습니다.

우리들의 일상생활은 넓게 보면 바로 경제활동입니다. 직장에 나가거나 쇼핑을 하거나 책을 구입하거나 주식투자나 부동산을 구입하는 등의 모든 활동이 이에 해당되는데, 경제활동은 자기만족과 행복을 추구하기 위해 한다고 합니다. 그래서 일상생활에도 경제적 사고와 합리적 판단이 필요한 것이고, 이를 위해 경제지식 습득이 선행되어야 하는 이유이기도 합니다.

이번에 경제에 관한 보잘 것 없는 책을 집필하게된 동기도 이렇습니다. 필자는 중견기업 경영인으로 일했고, 정치인으로 또 국제정치학을 연구·학습하는 학자로 지내고 있지만 경제에 관한 지식은 너무나 미진하여 우리의 주변에서 일어나는 다양한 경제사건에 대한 인식이 부족할 수

밖에 없었습니다. 그래서 이를 만회하고자 훌륭한 분들이 집필한 경제서
적과 각종 통계자료, 연구논문을 탐독하는 시간이 있었는데, 이 과정에
서 공부하고 정리된 내용을 글로 옮기게 되었습니다. 물론 초학자(初學
者)가 쓴 글들이 형편없다는 것은 누구나 알고 있는 사실이지만 그래도
필자와 같은 오늘날 디지털 경제시대를 살아가는 분들에게 꼭 필요하고
유용한 정보와 경제에 관한 기초지식을 쉽게 이해할 수 있도록 집필하였
습니다.

　오늘, 피곤에 지친 몸도 휴식을 통해 재충전되어 새로운 내일을 맞이
합니다. 빠르게 변하는 경제환경에 경제지식은 편안한 휴식과도 같습니
다. 경제에 관한 짧은 식견으로 집필한 필자의 책자를 통해 여러분의 새
로운 미래를 여는 창이 되었으면 하는 작은 꿈을 꾸어 봅니다.

2003년 9월

저자

Contents

제2부　경기를 바로 읽자

Contents

제3부　금융지식이 돈이다

Contents

제4부 증권과 외환지식

Contents

Contents

Contents

참고문헌

제1부 클릭! 경제속으로

경제지식이 왜 필요한가?

인류 역사 이래로 지금처럼 경제에 대해 관심을 갖은 적은 일찍이 없었다. 우리가 살아가고 있는 지금도 다양하게 일어나는 사건들에서 경제문제가 결부되어 있고, 이념보다는 물질중심인 오늘의 사회에서는 누구나 경제에 대해 커다란 관심이 있는 것이 사실이다.

하지만, 현실적으로 우리들이 관심 갖는 만큼이나 경제를 제대로 이해하고 있는가? 꼭 경제에 대해 공부해야 한다면 그 어렵다는 "경제학"을 먼저 떠올릴 수 있고, 학문적인 접근이나 고리타분한(?) 사회과학의 한 분야로 치부할 수 있다. 그렇다고 경제학을 공부해서 경제정책을 수립하는 관료가 되거나 경제관련 연구기관에 근무할 요량도 아닌 경우라면 굳이 그렇게 공부할 필요가 있는가에 대해 의문을 제기할 수도 있다.

그러나 우리들이 살아가고 있는 지금 이 순간에도 경제와 관련된 생활을 하고 있다. 직장에 나가 일을 하거나 주부가 시장에서 장거리를 보거나 학생들이 문구점에서 문구류를 구입하는 경우에도 "경제"와 관련되어 있다. 이를 「경제활동」이라 말하기도 하는데 대부분은 소비활동과 생산활동으로 이루어진다.

결국 현대를 살아가는 우리들의 모든 활동은 경제활동이라 해도 지나치지 않는다.

경제지식은 합리적인 경제활동을 하게 한다

경제지식이 있다고 하여 누구나 부자가 되는 것이 아니다. 어떤 이는 경제지식이 곧 부자로 가는 지름길이라 말하기도 한다. 사실 경제지식이 있다면 부자가 될 수 있는 개연성이 가장 높을 것이다. 그렇지만 경제지식은 직접적으로 부자가 되는 돈버는 요령보다는 자신이 소유하고 있는 능력이나 돈, 시간 등의 개인자원을 어떻게 합리적으로 사용할 것인가에 대한 방법을 가르쳐주는 역할을 한다. 즉 경제지식을 습득하므로서 경제적인 사고방식을 갖게 되고 살아가면서 부딪치는 다양한 경제적인 사건에서 합리적인 선택과 기회활용으로 이어지게 하는 원동력이 되는 것이다.

예를 들어 기업의 경영자라면 신규 사업을 입안하면서 투자의 위험도와 그에 따른 비용 등을 다각적으로 분석하여 수익적인 요인이 강할 경우에 그 사업을 추진할 것이다.

만약 신규 사업의 타당성 분석에 있어 경제적인 사고(思考)가 없다면 개인의 능력이나 취향, 주위의 권유나 분위기, 막연한 기대감 등에 의존하여 결과적으로 그 투자 위험도를 더욱 높일 수 있을 것이며, 합리적인 판단이 아닌 그릇된 감정적인 판단으로 인해 기업 운영에 있어 심각한 위기를 맞을 수도 있다.

개인의 경우도 마찬가지다. 최근에 사회문제가 된 신용카드도 실제는 '제3의 화폐'라고 불리는 것으로 이러한 신용카드제도가 앞으로 신용사회로 나아가는데 유용한 역할을 함은 부인할 수 없다. 더욱이 신용카드는 그 편리성과 다양한 혜택, 그리고 일반적으로 대금지불·소비자 신용·신분 표시·고객우대 등의 부대서비스를 받을 수 있고, 정부의 카드사용 장려에 따른 세금 공제혜택까지 받을 수 있어 신용카드를 제대로 활용하는 것이 합리적인 소비생활뿐만 아니라 재테크의 기본이 되는 것이다. 하지만, 경제적인 사고가 없이 외상으로 돈을 쓰다 보니 씀씀이가 커질 수밖에 없고, 이로 인해 과소비 유발의 부작용의 주원인이 되고 결국 신용불량자 양산으로 이어져 사회문제가 발생할 수밖에 없다.

경제지식은 경제를 읽는 눈이다

매일 아침이면 TV나 신문, 인터넷을 통해 주요한 소식을 접하는데, 이 가운데 정치적 또는 사회적인 이슈가 되는 소식도 관심을 끌지만, 경제뉴스에 대해 상당한 관심을 갖게 된 것이 아마도 IMF 이후의 사회변화라 볼 수 있다. 그래서 언론사들도 경제부분에 대해 기존보다 더 많은 비중을 두고 있는 것이 사실이며, 심지어 국내의 경제뉴스와 함께 외국의 경제뉴스까지도 관심의 대상이 된다.

오늘날에는 자신의 주변에서 얻는 정보만으로는 복잡한 경제생활을 영위하는데 불편함을 느낄 수 밖에 없고, 대중매체를 통해 접하는 정보를 통해 자신의 경제생활을 해 나가기 위해서이다.

그런데 실제로 TV나 신문 등을 통해 보도되는 경제뉴스를 보고 들으며, 경제현상을 잘 이해하고 있는가? 어떤 사람은 단편적인 정보의 전달로 받아들일 것이고, 또 다른 사람은 경제보도를 접하고서 자신은 어느 정도 경제현상을 잘 이해한다고 믿고 있지만 실제에 있어서 객관적 경제지식은 그에 미치지 못하는 경우가 더러 있다. 사실 우리가 접하는 경제뉴스는 이해하기 어려운 기사 중의 하나이다. 더욱이 경제환경이 나날이 변화하고 경제규모가 커지고 복잡해질수록 경제기사가 더욱 어려워지고 있다고도 들 한다.

하지만, 잘 이해가 되지 않거나 어렵다고 경제뉴스에 관심을 가지지 않고는 살아갈 수 없는 것이 지금의 현실 상황이 되고 있다. 비록 그것이 어렵더라도 알아야만 하고, 세계 곳곳에서 일어난 일이라도 국내 경제에 미칠 영향과 관련지어 생각할 수 있는 경제적 안목을 지녀야 한다.

실제로 미국의 나스닥이나 다우지수는 국내 주가에 영향을 미치는 변수가 되기도 하며, 정부의 경제 정책이나 세계 곳곳의 경제뉴스 외에도 서민들이 피부로 느끼는 부동산이나 금리, 물가 등도 경제뉴스에 관심을 갖게 하는 요인으로 작용한다. 따라서 경제에 대한 지식이 없이는 살기 어려운 현실이 된 것이다.

경제의 의미와 경제활동

우리가 사용하는 경제(經濟, economy)라는 말은 "나라를 다스리고 백성을 구제한다"라는 의미의 경세제민(經世濟民)의 준말이며, 영어로 이코노미(economy)는 그리스어의 집을 나타내는 "오이코스(oikos)"와 관리를 의미하는 "노미아(nomia)"가 합쳐져 "오이코노미아(oikonomia)"에서 유래되었다. 그래서 이코노미는 "집안 살림살이를 관리한다"라는 의미를 갖는다.

이처럼 경제라는 말은 보는 시각에 따라 동양과 서양이 서로 다른데, 경제는 국가라는 큰 단위에서 출발하고, 이코노미는 집이라는 작은 단위에서 시작된다. 결국 경제행위의 중심점을 정부로 보느냐, 개인으로 보느냐의 시각의 차이라 할 수 있는데, 경제는 나라 살림이나 집안 살림이나 할 것 없이 끊임없이 합리적인 의사결정을 필요로 하며, 올바른 결정이라면 행복하겠지만, 그렇지 못한 경우에는 불행할 수밖에 없다.

경제행위는 합리적이어야 한다

경제의 어원적인 개념에 대해 살펴보았는데, 무인도에서와 같이 혼자서 모든 의(衣)식(食)주(住)를 해결한다면 별개로 볼 것이지만 우리가 살아가는 사회에서는 모든 것을 혼자서 해결할 수가 없고 상호간에 필요한 욕구를 충족하기 위해 각자의 생산물을 상호 교환하여 필요한 것을 소비하면서 살아가야 한다. 즉 우리들은 의(衣)식(食)주(住)를 비롯한 물질적 또는 정신적 욕망을 충족시키려고 하지만 이를 충족시키기에는 자원이 한정되어 있고, 이러한 우리들 욕망의 수요와 충족의 공급이 일치하지 않기 때문에 생겨나는 현상이 경제라고 할 수 있다.

이처럼 경제는 재화와 용역을 생산·분배·소비하는 일련의 활동 및 그와 직접 관련되는 질서와 행위를 지칭하는데, 여기서 인간의 물질적 욕망을 충족시켜 주는 유형의 것(옷, TV, 기계 등)을 재화(財貨, goods)라고 하고 정신적 욕망을 충족시켜 주는 무형의 것을 용역(用役, services)이라고 한다. 그리고 이러한 재화와 용역(서비스)을 유상적으로 조달하는 인간의 행위를 경제행위라 하며, 인간은 경제를 할때 가급적 최소의 비용으로 최대의 효과를 얻으려고 하는 합리적인 원칙에 따라 행동하는데, 이러한 원칙을 경제원칙이라고 한다.

희소성 때문에 경제문제가 발생된다

사람들에게 필요한 모든 자원이 지구상에 얼마든지 있다면 누구나 원하는 것을 가질 수 있게 되고 이에 따른 경제문제는 전혀 발생하지 않는다. 하지만 무한한 인간의 욕망과는 달리 이를 충족시킬 수 있는 자원은 한정되어 있는데, 이렇게 상대적으로 부족한 현상을 희소성이라고 부른다. 사실 자신이 원하는 물건들이 세상 어느 곳에서나 취할 수 있다면 굳이 머리 아프게 고민해서 의사결정할 필요가 없을 것이다.

하지만 사람들이 가지고 싶어하는 것을 사회가 모두 제공할 수는 없다는 것이 현실이고 보면, 결국 경제문제가 일어나는 근본적인 이유는 한정된 자원으로 인한 희소성 때문이다. 이러한 유한한 자원이 희소한 상태에서 사람들에게 최대의 성과를 내기 위해 결국 경제학이 등장한 것이고, 또한 효율적인 경제활동을 필요로 하는 것이다.

효율적인 경제활동을 위한 3가지 문제

경제활동이란 사람들의 생활에 필요한 재화와 용역을 생산, 분배, 지출하는 일련의 활동이라 설명하였다. 그러면 사람들이 원하는 모든 경제활동을 제대로 할 수 있는가?

지구상에 있는 자원은 한정되어 있기 때문에 유한한 자원으로는 사람들이 원하는 모든 경제활동을 할 수 없다.

결국 이러한 희소성에 의해 경제 문제가 발생하게 되면 사람들은 주어진 자원으로 최고의 만족을 얻기 위한 선택의 문제가 발생하게 되는데, 이러한 효율적인 경제활동을 위해서 노벨 경제학상 수상자인 새뮤엘슨(Paul A. Samuelson)은 "무엇을 얼마나 생산할 것인가?, 어떻게 생산할 것인가?, 누구를 위해 생산할 것인가?"라는 세 가지 문제는 어느 사회나 꼭 풀어야 하는 문제라고 지적했다.

무엇을 얼마나 생산할 것인가

생산에 있어서 생산물의 구성에 관한 문제로서, 경제활동을 위한 자원은 한정되어 있게 마련이다. 결국 한정된 자원으로 모든 것을 생산할 수 없기 때문에 자원을 무엇에 사용해야 할지, 얼마나 생산해야 할지 결정해야 한다. 즉 생산물의 종류와 수량 등을 선택해야 하는데 만약 가죽을 가지고 있다면 옷을 만들지, 가방을 만들지, 구두를 만들지, 얼마나 만들어야 할지 결정해야 하는 것이다.

어떻게 생산할 것인가

결정된 생산물들을 어떤 방법을 사용하여 생산할 것인가를 결정해야 하는 것으로 지금까지 이런 문제들은 지속적인 인류의 노력으로 과학기술의 힘에 의해서 발전되어 효과적으로 개선되고 있다고 할 수 있다.

즉 생산방법 또는 생산요소의 결합 방법에 관한 결정문제로서 자동화된 첨단 생산시설을 도입해 자본집약적으로 생산할 것인지, 큰 돈이 들어가는 시설을 도입하지 않고 노동력을 이용해 노동집약적으로 생산할 것인지 등과 같이 어떤 방법으로 만들어낼 것인지 결정해야 한다.

누구를 위해 생산할 것인가

소득분배 또는 생산물의 분배 방법에 관한 결정문제로서, 이제는 생산된 생산물들을 누구에게 얼마나 배분할 것인가와 어떻게 분배할 것인지 선택해야 한다.

경제활동의 주인공인
가계, 기업, 정부, 해외

경제활동을 담당하는 주인공을 경제주체라 한다. 즉 경제주체는 자기 책임하에 경제행위를 하는 것으로 가계, 기업, 정부, 해외부문(외국)이 이에 해당된다. 가계는 소비활동의 주체이며, 기업은 생산활동의 주체이다. 가계와 기업 두 경제주체만으로 형성된 경제를 민간경제(民間經濟, private economy)라 부르기도 한다.

민간경제 = 가계 + 기업

그리고 정부나 외국은 생산활동과 소비활동의 주체가 된다. 정부의 경제활동은 정부경제를 형성하는데, 이른바 국민경제는 민간경제와 정부경제의 종합으로 이해하면 된다. 예를 들어 한국 경제라든가 미국 경제, 중국 경제처럼 경제행위가 한 국가를 범위로 하는 것을 국민 경제(國民經濟, national economy)라 한다.

国民경제 = 가계 + 기업 + 정부

국제경제 = 가계 + 기업 + 정부 + 해외부문(외국)

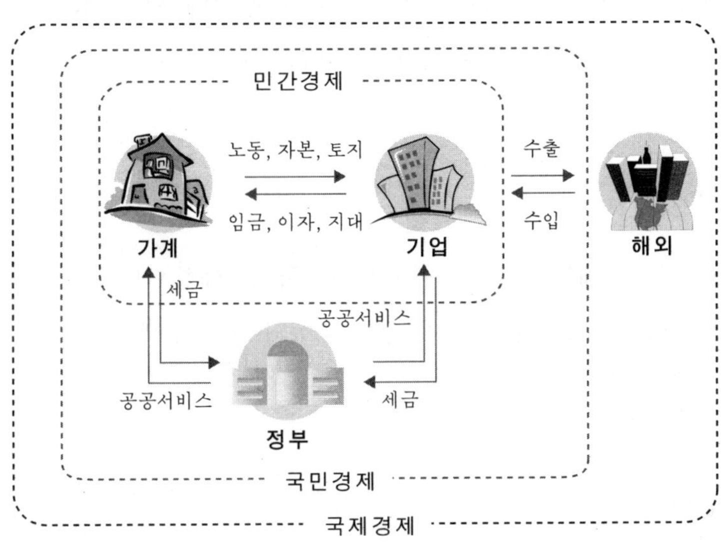

가계

소비자는 보통 주어진 소득을 가지고 자신의 욕구를 최대한 달성할 수 있도록 합리적으로 재화와 서비스를 구매하는 소비행위를 한다. 이처럼 가계는 주로 소비활동을 하는 경제주체로서 재화의 생산에 필요한 생산요소(노동·토지·자본)를 제공하여 생산활동에 참여하고 그 대가(임금·지대·이자)로 받는 소득으로서 자신의 필요와 욕구를 충족시키는 소비활동을 한다.

기업

기업은 가계가 제공한 생산요소를 이용하여 재화, 용역을 생산하고 가계에 임금 등의 형태로 소득을 제공한다.

정부

정부는 가계와 기업의 경제활동을 돕고, 사회질서를 유지하며 경제 사회를 보호하는데, 오늘날 정부의 경제적 역할이 점차 커지고 있다.

해외

무역활동을 하는 중요한 경제주체이다.

경제행위의 대상인 재화와 용역

인간이 영위하는 경제활동은 재화와 용역(서비스)을 생산하고, 교환하며, 분배하고, 소비하는 등의 모든 행위를 일컫는다. 여기서 재화와 용역은 경제주체들의 경제활동의 대상인 셈이다.

재화

인간의 욕망을 충족시키는데 쓰이는 수단을 경제학에서는 재(財, goods)라고 하는데, 바닷물이나 햇빛, 공기와 같은 그 양이 풍부하여 인간이 필요한 만큼 얼마든지 얻을 수 있는 것(자유재)과 옷, 컴퓨터, 설탕 등 그 양이 희소하여 돈이나 시간, 노력과 같은 대가를 지불하지 않고는 얻을 수 없는 것(경제재)이 있다. 그런데 자유재의 경우 별도의 생산이 없어도 소비할 수 있는 것이기 때문에 경제행위의 대상이 되는 것은 경제재를 의미한다.

용역

용역은 의사의 진료, 음악가의 연주, 교사의 강의, 노동자의 노동, 상인의 판매활동, 교통·통신서비스 활동 등과 같이 인간의 욕망을 충족시키는 수단으로서 비물질적인 것을 말한다. 경제학에서 말하는 경제재(經濟財, economic goods)는 물질적인 재화와 비물질적인 용역을 포함하기도 한다.

경제원칙에 충실하자

　우리들의 일상생활 속을 자세히 들여다보면 알게 모르게 경제원칙에 따라 선택을 하게 되는데, 시장에서 물건을 고를 때에도 그렇고, 아파트를 매매할 때도 경제원칙에 따르고 있다.

　이처럼 우리들은 경제활동을 하면서 나름대로의 원칙으로 갖는데 같은 일을 하더라도 가장 큰 효과를 얻거나 일정한 효과를 얻기 위해 가장 적은 비용을 치르는 것을 생각한다.

　이와 같이 사람들이 영위하는 경제활동을 효율적으로 하기 위한 방법은 두 가지 측면에서 생각해 볼 수 있다. 하나는 일정한 만족을 얻는데 최소한의 자원을 사용하는 것이고, 다른 하나는 일정한 자원으로 최대한의 만족을 얻는 것이다.

　결국 '경제원칙' 이란 최소의 비용으로 일정한 효과를, 혹은 일정한 비용으로 최대의 효과를 달성하려는 경제활동의 원리를 말한다.

　사람들은 최소의 비용으로 최대의 효과를 거두는 것을 목표로 하고 있으며 이러한 경제원칙(經濟原則, economic principles)에 따라 경제행위를 하는 것이다.

최소 비용의 원칙

　IBM이나 SONY, LG전자 등과 같은 수많은 기업들은 자사가 생산활동을 하면서 생산하고자 하는 제품을 최소 비용만 들여 생산하고자 할 것이다. 왜냐하면 기업은 영리 추구를 목적으로 설립된 조직체이므로 적은 비용으로 많은 수익을 얻어야만 생존할 수 있기 때문이다. 일정한 효과를 올리는 데 최소의 비용 또는 희생을 지불하려는 이러한 경제활동의 원칙을 최소 비용의 원칙이라고 말한다.

최대 효과의 원칙

　기업이 생산활동을 할 때나 개인이 소비활동을 할 때도 일정한 비용을 들여 최대의 만족을 추구하고자 한다. 예를 들어 우리들이 백화점에서 상품을 구입하려고 할 때도 같은 가격이라 할지라도 품질이나 브랜드인지도, 디자인 등이 보다 뛰어난 물건을 선택하려고 하기 때문이다.

　일정한 비용으로 최대의 효과를 올리려는 이러한 경제활동의 원칙을 최대 효과의 원칙이라고 말한다.

최대 잉여의 원칙

비용·효과가 일정하지 않을 때, 그 차이를 최대로 하려는 최소 비용 최대효과 원칙[효과 − 비용 = 차액(잉여)]으로서 최소의 비용, 최대의 효과를 통해 만족의 극대화를 추구하는 것으로 사람들이 생산과 소비라는 경제활동을 하는 데에 있어서는 이 원리가 그대로 적용된다.

경제를 보는 두 가지의 눈

　경제를 파악한다는 것은 우리들이 생활하는 모든 영역에 걸쳐 있는 하나의 경제·사회적인 질서를 보는 것과 같다. 경제의 주체들인 가계와 기업, 정부, 해외 등이 각각의 역할에 맞는 경제행위를 통해 형성되는 제반 상황을 파악하는 것이므로 보는 방법에 따라 달리될 수가 있다. 그래서 경제를 볼 때는 두 가지의 방법을 생각한다.

　그 첫째로 소비자(가계)와 생산자(기업)의 개별적 행동을 통하여 경제현상을 알아보는 것으로 가계의 소비활동, 기업의 생산활동 등 개별경제주체의 행동에서 경제를 분석하는 방법이다. 이를 미시적 분석이라 하는데 "숲과 나무"의 경우라면 "나무"를 통해 전체적으로 숲을 보려는 방법이라 할 수 있다. 반면 경제를 각 경제주체인 가계, 기업, 정부, 해외부문이 이루어 내는 경제활동을 전체적으로 보아 총계적 개념을 사용하여 경제 움직임을 알아보는 것으로 개별 경제주체가 이루어내는 경제활동 전체를 하나로 보고 경제를 분석하는 방법이다. 이를 거시적 분석이라 하는데 '숲과 나무'의 경우라면 '숲'을 통해 개별적인 나무를 보려는 방법이라 할 수 있다. 결국 한 나라의 경제를 정확하게 보기 위해서면 위의 두 가지 방법이 모두 필요하다고 하겠다.

경제를 개별적·부분적으로 보는 미시적 분석

미시적(微視的)으로 경제를 알아보는 것은 경제현상 따위를 개

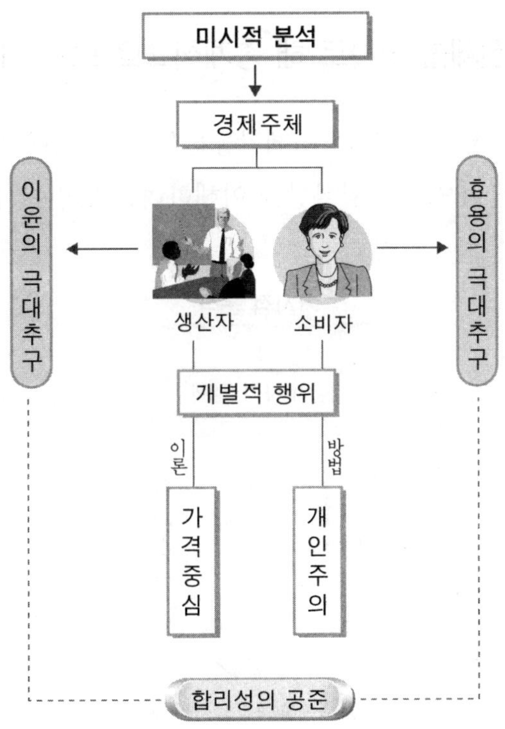

별적·부분적으로 분석하여 경제 전체를 파악하려는 방법이다.

즉 개별의 합(合)으로서 전체로 파악하려는 것으로 경제주체로서 개개의 소비자, 생산자 및 기업을 상정하고, 소비자는 효용의 극대를, 생산자는 이윤의 극대를 목적으로 하는 것으로 경제행위를 생각하여 경제사회를 그와 같은 개개의 행위에 따라 분석하는 방법이다.

이러한 분석방법은 가격을 중심으로 재화와 용역의 수요공급 분석, 효용 및 이윤을 지표로 한 극대원리의 규정 등이라 할 수 있다.

경제활동 전체를 하나로 해 총계적으로 보는 거시적 분석

개별적인 경제주체들의 경제활동들을 모두 하나로 보아 이를 총계적, 포괄적으로 경제실상을 이해하려는 방법이다. 경제전체

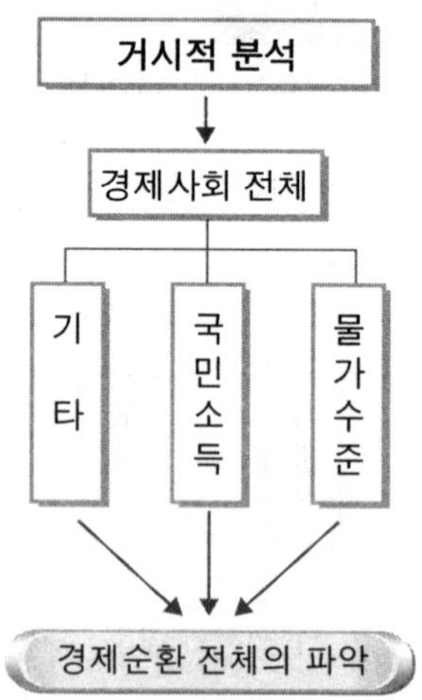

로서의 국민소득, 고용 또는 총수요 등의 총계적 개념을 사용하여 경제전체의 움직임 즉, 국민의 소득수준, 자원의 총사용량, 총고용량의 결정이라는 문제를 취급한다. 이와 같이 총계적 개념을 사용하여 경제를 분석하는 것으로 전체를 파악하여 개별의 합(合)을 보는 방법이다.

경제활동은
생산, 분배, 소비의 과정

인간은 그 생활을 유지·발전시키기 위해서 끊임없이 생산하여 소비하고 또 생산하여야 한다. 즉 경제생활에 있어서 생산 → 분배 → 소비 → 생산의 물질적 재생산이 계속 되풀이되지 않으면 안된다. 이러한 것을 '경제순환'이라고 하는데 순환하는 것은 재화, 용역 및 화폐이며 그것들은 기업과 가계간 또 기업간을 순환한다.

여기서 생산은 생활에 필요한 재화와 서비스를 만들어 내거나 그 가치를 증진시키는 일을 의미한다. 공장에서 가방을 만들거나 의류, 자동차, 과일재배 등의 활동뿐만 아니라 저장, 수송, 교육 등의 활동도 이에 포함된다. 그리고 생산이 이루어지기 위해서는 인력과 자본이 이용되는데, 이 과정에서 반대 급부를 받는다. 근로에 대한 임금, 토지에 대한 지대, 자본에 대한 이자, 경영에 대한 이윤 등의 형태로 생산활동에 대한 기여를 시장 가격으로 보상받는 것을 분배라고 한다.

　소비는 분배된 소득으로 필요한 재화와 서비스를 구입해서 사용하는 것을 말하며, 분배된 소득에서 소비되지 않은 것은 저축이 되는 것이다.

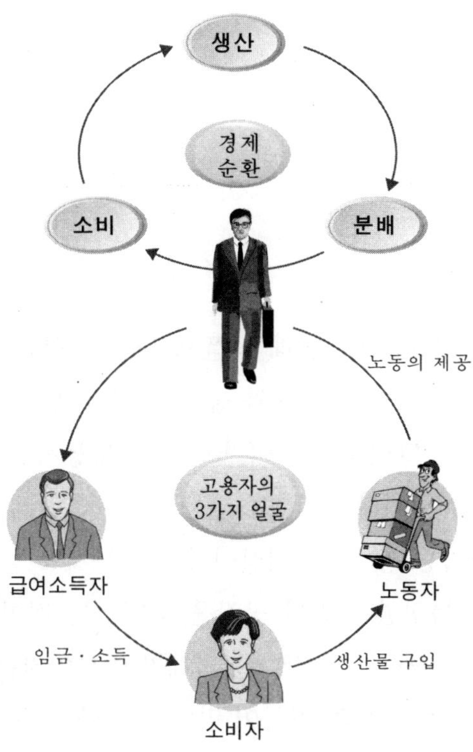

수요자와 공급자의 만남, 시장

시장(市場, Market)은 본래 상품으로서의 재화의 교환에 관한 개념인데, 어느 상품의 수요와 공급이 만나서 가격이 형성되는 장소를 말한다. 그리고 시장이라고 할때 노동시장, 자본시장 등을 포함하는 개념이다.

시장은 가락동 농수산물시장이나 동대문시장 등과 같이 흔히들 연상하는 특정한 장소나 공간을 의미하는 것이 아니라 수요(소비자)와 공급(생산자)이 만나서 거래가 이루어지는 만남의 장을 의미하는 것으로 수요와 공급이 만나기만 하면 장소에 관계없이 시장이라 할 수 있다. 즉 경제가 발달하지 않았을 때의 시장은 특정한 장소나 기간으로 생각되었으나, 지금은 그 장소 또는 시간이 문제되지 아니하고 국내나 국외 어느 곳에서나 시간을 가리지 않고 이루어지고 있다. 이처럼 경제가 발전되면서부터 시장의 추상화가 이룩되어 종래의 구체적인 시장개념에서 추상적인 시장

개념으로 옮아가고 있다.

시장의 종류

　시장은 수급되는 상품의 종류에 따라 몇 가지로 분류될 수 있다. 우선 기업이 공급하고 가계가 수요하는 소비재에 대한 **소비재시장**과 또한 가계가 공급하고 기업이 수요하는 노동력에 대한 **노동력시장**이 성립된다.

　그리고 기업 상호간에 수급하는 기계나 원재료에 있어서는 생산재시장이 있고, 또한 가계나 기업이 금융기관 등을 통하여 간접적으로 혹은 직접적으로 공급하고 기업이 수요하는 **자본시장**이 있다. 이들 시장은 다시 몇 가지로 세분하여 생각할 수 있다.

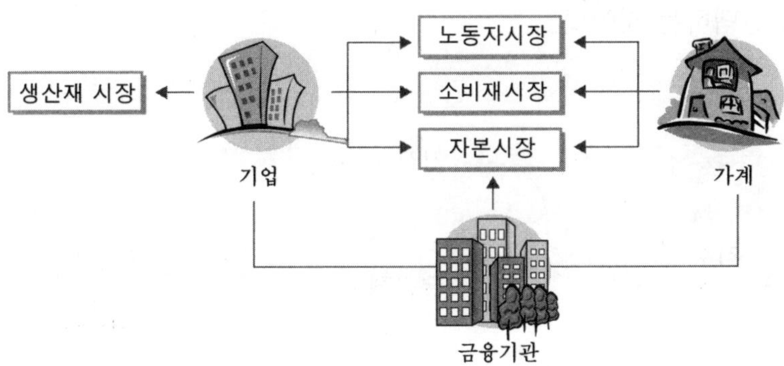

시장의 메커니즘

　시장의 주요고객은 수요자와 공급자이다. 경제활동의 모든 원천들은 이러한 수요와 공급에 의해 이루어지는데, 특히 오늘날의 자본주의 경제에서는 자유경쟁에 입각하고 있다. 이러한 경제시스템에서는 원칙적으로 모든 경제주체인 가계, 기업, 정부 등이 자유롭게 생산활동을 하며 자유의지에 입각하여 시장에서 사고 싶은 것을 사서 쓴다. 이러한 경제는 전체적으로 계획된 경제가 아니므로 언뜻 보기에는 무질서한 경제활동처럼 보이지만 그런대로 큰 파탄없이 운행되어 가고 있다. 그것은 가격이라는 신호기에 의하여 시장에서 매매가 이루어지고 또 그것에 의하여 생산과 소비가 조정되기 때문이다.

예를 들어 전자제품을 생산하는 회사는 이익을 추구하기 위해 제품을 생산하는 것이며, 이러한 생산활동은 타의에 의한 것이 아니라 자기의 판단과 책임하에 하는 것이고, 이를 구입하는 소비자 역시 자기 판단하에 생활에 꼭 필요한 제품을 구입하기 위해 선택하는 것이다.

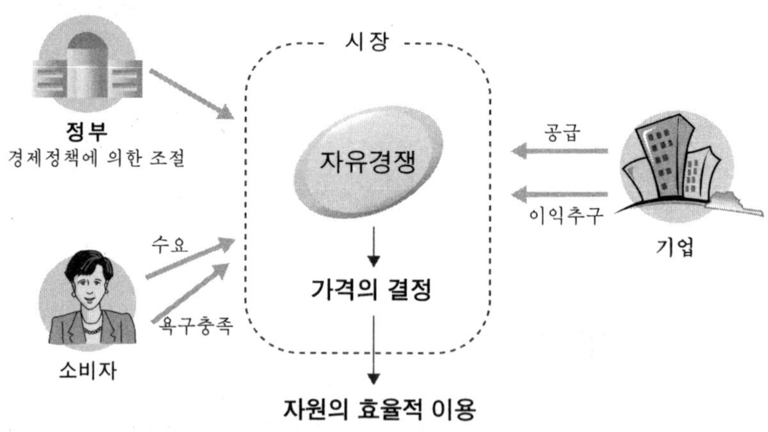

즉 경제주체는 시장가격의 동향을 통해서 무엇이 부족하고 무엇이 남아돌고 있는가 하는 등의 경제 배후의 사정을 간접적으로 알 수가 있으며, 경제주체가 이 움직임에 적응함으로써 수급의 균형이 이루어지는 것이다.

결국 시장메커니즘이 제 기능을 발휘하고 있다면 부족하여 줄을 지어 기다려야 살 수 있는 물건은 가격이 오르고, 반대로 남아도는 것은 가격이 떨어져 단기적으로 수급이 조정될 수 있을 뿐만 아니라 장기적으로는 생산의 중점이 옮겨지게 될 수 있을 것이며, 이를 통해 자원의 이용을 효율적으로 하게 되는 것이다.

가격은 수요와 공급의 시소게임

　백화점에 가면 쇼핑객들의 눈길을 끌며, 멋있게 진열된 다양한 상품마다 각각의 가격들이 매겨져 있다. 던롭 골프채 400만 원, 남성정장 50만원, 나이키 운동화 10만원, 동원 참치캔 2,000원 등 수많은 상품마다 가격표가 달려있다.

　이러한 상품들의 가격은 어떻게 결정되는가?

가격은 소비와 생산의 교통신호기

　물건을 팔고자 하는 사람은 얼마에 팔 것인지를 따져 가격을 부르게 되고, 반면 물건을 사려는 사람은 어떤 값에 얼마를 사야 할지 결정하게 되는 것이다. 결국 팔려는 사람과 사려는 사람의 가격이 서로 맞을 때 거래가 이루어지게 되며, 이렇게 해서 가격이 결정되는 것이다. 이처럼 시장에서 수요자와 공급자가 만나

결정되는 가격을 시장가격(균형가격)이라고 부른다.

일단 시장가격(균형가격)이 결정되면 물건을 사고자 하는 사람은 이 가격을 보고 자신이 상품을 살 것인지 말 것인지를 결정하게 된다. 마찬가지로 물건을 팔고자 하는 사람은 이 가격을 보고 팔 것인지 말 것인지를 결정하게 되는 것이다.

이처럼 시장에서 결정된 가격은 소비와 생산수준을 조정하는 신호역할을 하게 된다.

결국 이러한 경제주체간의 경제행위는 시장에서 가격이라는 신호제어기에 의해 통제되고 있는 것이며, 수요자가 많거나 공급되는 제품의 양이 부족하게 되면 가격이 높게 형성되고, 반면 수요자가 없거나 공급되는 제품의 양이 많아지면 가격이 낮게 형성되므로 시장에 있어 수요자와 공급자에게 가격이란 욕구충족과 재화 생산과 수급에 있어 바로미터라 할 수 있다.

수요

소비자가 어떤 물건을 사고자 하는 욕구를 수요(需要, demand)라 한다. 그리고 자신의 욕망을 충족시키기 위하여 제한된 소득의 일부를 기꺼이 지출할 수 있을 때 수요가 되는데, 이를 경제학에서는 유효수요(有效需要)라고도 한다. 따라서 소비자의 소득에 변화가 없고 재화 값만 오를 때, 그 재화를 소비하려는 욕망에는 아무런 변화가 없더라도 재화에 대한 수요는 감소한다.

흔히들 어떤 물건에 대한 수요는 그 물건의 가격에 따라 늘어나거나 줄어들기도 한다. 예를 들어 다른 사정에 변화가 없는 한 식빵가격이 1개에 1,000원에서 1,500원으로 오르면 식빵에 대한 수요는 줄어들며, 반대로 식빵가격이 1,500원에서 1,000원으로 내려가면 식빵에 대한 수요는 늘어나게 된다. 이처럼 가격이 오르면 물건을 사고자 하는 수요가 줄어들고 반대로 가격이 내리면 수요가 늘어나게 된다.

일반적으로 재화에 대한 수요는 다른 사정이 없는 한 그 수요량은 가격의 상승에 따라 감소하고 가격의 하락에 따라 증가하게 되는데, 이를 수요의 법칙이라 한다.

공급

물건을 판매하려는 의사를 말한다. 즉 생산자인 기업이 제공하는 재화마다 최소한 받아야 할 금액을 마음 속에 가지고 있는 구체적인 판매의사가 공급(供給, supply)이다.

공급량도 역시 가격이 오르고 내리는 것에 따라 변하는데, 예를 들어 사과를 생산하는 영농조합이 시장에서 사과 한 박스의 가격이 5만원에서 6만원으로 오르게 되면 더 많이 팔기 위해 사과공급량을 늘릴 것이며, 반대로 시장의 가격이 내려가면 그 공급량을 줄이게 될 것이다. 사과생산자는 사과의 생산과 공급이 가능하게 하려면 그 사과 가격이 생산하는데 들어가는 비용보다 커야만 한다.

이처럼 생산량이 증가함에 따라 거기에 소요되는 생산비용이

증가하는데 가격이 상승하지 않으면 생산자는 공급량을 증가시
킬 수 없기 때문에 공급량을 줄이게 된다. 이와 같이 가격이 오르
면 공급이 늘고 가격이 떨어지면 공급이 줄어드는 것을 공급의
법칙이라고 한다.

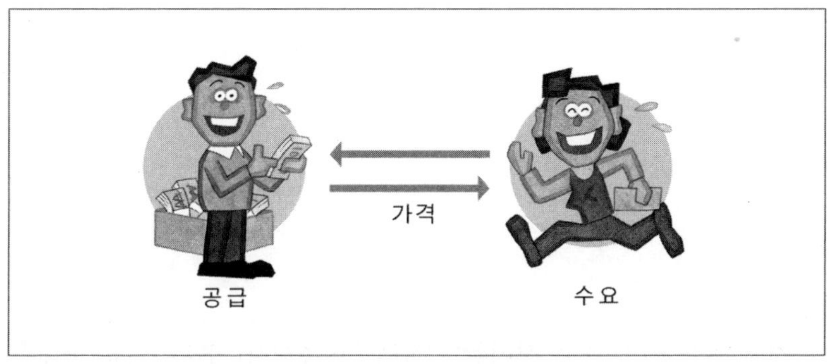

경제규모를 나타내는 GNP와 GDP

경제뉴스에서 자주 접하는 GNP(국민총생산) 또는 GDP(국내총생산)라는 용어가 있다. 이 용어는 한 나라의 경제규모나 경제성장을 비교하는 기준이 되기도 하는데, 1년 동안 국민 모두가 또는 국내에서 열심히 일하여 재화와 서비스를 얼마나 생산해 냈느냐를 당시의 가격으로 합계해 본 것이다.

우선 GNP는 장소를 불문하고 '우리 국민'에 의해 일정기간 동안 생산된 총생산금액을 산출한 것이므로 우리나라 사람들이 외국에 진출해서 인력과 자본을 제공한 대가로 창출한 소득(이를 대외수취소득이라 함)을 모두 포함된다.

즉 국민총생산(國民總生産, GNP : Gross National Product)은 한 나라의 국민이 생산활동에 참가한 대가로 받은 소득의 합계로서 해외로부터 자국민(거주자)이 받은 소득은 포함되는 반면에 국내총생산 중에서 외국인에게 지급한 소득(대외지급 요소소득)은

제외된다. 결국 국민총생산은 국내총생산에 대외순수취요소소득을 더한 것이다. 그리고 일정기간은 보통 1년을 말하며, 생산액은 산출액에서 중간투입액을 공제한 부가가치를 뜻하는데, 한 나라의 경제력이나 그 국민들의 생활수준 등을 파악하는데 가장 자주 쓰이는 경제지표이다.

반면, GDP는 국적을 불문하고 '우리나라 국경내에서' 일정기간 동안 생산된 총생산금액을 산출한 것이므로 외국사람들이 우리나라에 와서 기업을 경영한다든가 장사를 해서 번 돈(대외지급요소소득이라 함)이 모두 포함된다.

즉 국내총생산(國內總生産 GDP : Gross Domestic Product)은 한 나라의 영역 내에서 가계, 기업, 정부 등 모든 경제주체가 일정기간 동안 생산활동에 참여하여 창출한 부가가치 또는 최종 생산물을 시장가격으로 평가한 합계로서 여기에는 국내에 거주하는 비거주자(외국인)에게 지불되는 소득과 국내 거주자가 외국 용역을 제공함으로써 수취한 소득이 포함된다.

> **GDP = GNP – 대외순수취요소소득**
>
> • 대외순수취요소소득
> 우리나라의 생산요소가 해외의 생산활동에 참여하여 벌어들인 소득에서 외국의 생산요소가 국내 생산활동에 참여한 대가로 지급한 소득을 공제한 금액

그래서 GDP는 한 나라가 경제적으로 얼마나 풍요한지를 설명하는데 유용한 지표인데, 국민 1인당 GDP는 그 나라의 국민 한 사람 한 사람이 얼마나 벌어서 얼마나 지출하는지를 보여준다.

GDP가 높을수록 생활수준이 높음을 의미하지만 생활의 질(質)이나 인간의 행복을 나타내는 완전한 지표가 되지는 못한다.

한편 1994년 4/4 분기부터 국가경제 규모를 나타내는 지표로서 GNP 대신 GDP를 사용하고 있다.

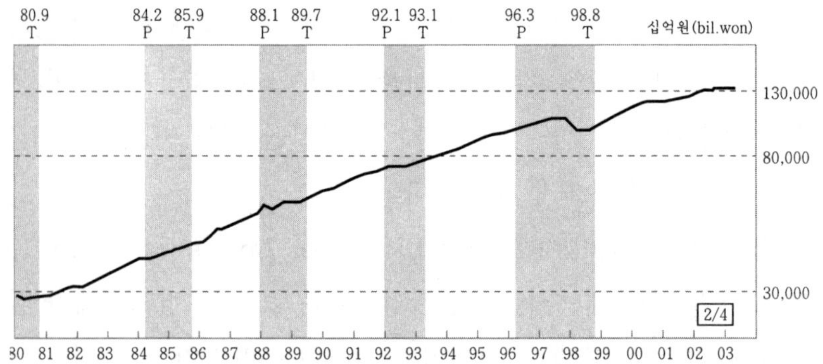

[국내총생산(GDP)의 움직임(2003년 2/4분기)]

실질 GDP와 명목 GDP

한 해동안 노력해 생산된 총생산금액, 즉 국내총생산(GDP)을 계산한 결과를 가지고 어느 정도의 성과가 있었는지를 알고 싶어 년도별로 비교하려 하면 매년 물가가 달라지기 때문에 비교기준이 될 수 있는 개념이 필요하다. 즉 생산된 재화 및 용역들을 시장가격으로 합산하여 GDP를 집계할 때, 생산물의 양이 늘어 GDP가 증가하기도 하지만, 이들의 가격이 상승하여도 GDP가 증가하게 된다.

이에 따라 이를 구분하기 위해서는 가격의 변화를 제외한 생산물 양의 변화만을 반영하기 위하여 기준년도를 정하고 이 기준년도의 시장가격으로 측정하는 것이 필요한데, 명목 GDP(Nominal GDP)는 재화와 서비스 생산의 가치를 현재 가격으로 계산한 것이고, 실질 GDP(Real GDP)는 재화와 서비스 생산의 가치를 불변가격으로 계산한 것을 말한다. 즉 실질 GDP는 기준년도의 물가를 기준으로 하여 측정된 GDP를 말한다.

　한편 명목 GDP를 실질 GDP로 나누면 재화 및 용역의 가격수준을 사후적으로 나타낼 수 있는데, 이를 GDP디플레이터(GDP deflator)라고 한다. GDP 산정시 소비자물가 및 생산자물가, 수출입물가, 임금 및 환율 등 가격변수들을 이용하므로 GDP디플레이터는 한 경제의 평균적인 물가수준의 변동을 나타내는 종합적인 물가지표이다.

$$\text{GDP 디플레이터} = \frac{\text{명목 GDP}}{\text{실질 GDP}} \times 100$$

실질 GNI와 명목 GNI

한 나라의 경제규모가 어느 정도인지는 국민총생산(GNP)을 살펴보면 대략 알 수 있지만 실질적으로 한 나라의 경제력과 국민들이 살아가는 생활수준을 가름해 보려면 국민소득을 보면 알 수 있다.

요즘들어 신문기사에서 자주 거론되는 "국민소득 2만달러 시대"라는 말처럼 국민소득의 규모가 종합적인 경제수준을 나타내는 지표이기도 하다. 그러면 국민소득이란 무엇을 말하는 것일까?

글자의 의미 그대로 일정기간 동안 국민들이 새로이 생산한 가치의 합계를 말하는데, 한 나라의 국민전체가 벌어들인 소득이 바로 국민소득이다. 즉 국민소득은 한 나라의 국민이 일정기간 동안에 새로이 생산한 가치를 화폐금액으로 계산하여 합한 것으로서 흔히 국민총소득(GNI)으로 나타낸다. 생산활동을 통하여 획득한 소득의 실질 구매력을 나타내는 지표로서 실질 국내총소득(GDI)과 실질 국민총소득(GNI)이 있다.

실질 국내총소득은 한 나라의 영토 내에 거주하는 모든 생산자가 국내외 생산요소를 결합하여 생산활동을 수행한 결과 발생한 소득을 말한다. 이는 GDP에서 교역조건 변화에 따른 실질 무역손실을 더한 것으로, 실질 무역손실은 GDP에서 교환되는 상품간의 상대가격 변화에 따른 구매력 변동을 나타내는 것인데, 이러한 거래손익이 거주자간의 거래에서는 서로 상쇄되지만 거주자와 비거주자간의 거래, 즉 무역에서는 발생하므로 이를 반영하게 된다.

그리고 실질 국민총소득은 한 나라의 국민이 국내외에 제공한 생산요소에 의하여 발생한 소득의 합계로서 거주자에게 최종적으로 귀착된 모든 소득의 합계를 말한다. 이는 실질 GDI에서 외국사람들이 국내에서 경제활동을 통해 벌어간 실질 소득을 빼고,

실질 국민총소득 환란이후 첫 감소

올 상반기(1~6월)동안 국민들의 실질 구매력을 나타내는 실질 국민총소득(GNI)이 외환위기 이후 처음으로 감소한 것으로 나타났다. 한국은행은 9일 올 상반기중 실질 GNI는 211조5517억원으로 지난 해 같은 기간에 비해 0.8% 감소했다고 밝혔다. 반기 기준으로 실질 GNI가 줄어든 것은 외환 위기 직후인 지난 98년 하반기(-8.6%) 이후 처음이다. 또 올 2·4분기(4~6월)중 실질 GNI는 전년 동기대비 0.2% 증가에 그쳐, 같은 기간 실질 국내총생산(GDP) 증가율인 1.9%에 훨씬 못 미치는 것으로 나타났다. 실질 GNI가 실질 GDP보다 낮다는 것은 경제성장률이라는 '지표' 보다 실제 구매력으로 따져본 '체감' 경기가 더 나쁘다는 의미라고 한은은 설명했다.

우리 국민이 해외에서 벌어들인 실질 소득을 더하여 산출한다.

한편 명목 국민총소득(nominal GNI)은 우리 국민이 국내외에서 생산활동에 참가한 대가로 번 명목소득으로서, 명목 GDP에 명목 국외순수취요소소득을 더한 것이다. 이는 1인당 국민소득, 국가 경제규모 등을 파악하는데 주로 이용된다.

> • 실질 GDI = 실질 GDP + 교역조건 변화에 따른 실질 무역손실
> • 실질 GNI = 실질 GDI + 실질 국외순수취요소소득
> • 명목 GNI = 명목 GDP + 명목 국외순수취요소소득

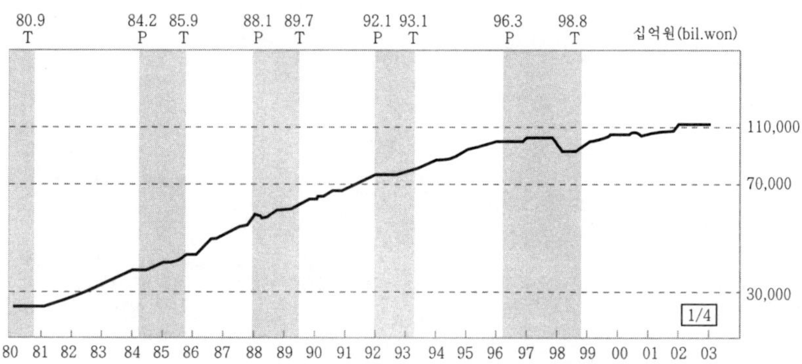

[국내총소득(GNI)의 움직임(2003년 1/4분기)]

제2부 경기를 바로 읽자

사장님, 경기가 좋은가요?

요즈음 자주 듣는 말이 '경기가 어떠한지?' 에 대한 질문이다. 시장에서 장사를 하는 분들에게는 '경기' 라는 말처럼 자주 듣는 말이 없을 정도다.

흔히들 세상을 살다보면 경제상황이 좋은 때도 있고 정말 장사가 안되어 파리 날리는 때도 있다고 한다. 경제상황이 좋다는 말을 어떤 분들은 '시장에 있는 개도 돈을 물고 다닌다' 라는 표현으로 호주머니가 두둑해진 상태가 아마 호경기를 말하는 것이다.

경기(景氣)는 경제활동의 현재 상황을 나타내는 말이다. 그래서 장사가 잘되어 이익을 많이 남기는 때를 호황기(好況期), 기업들이 줄줄이 도산하거나 장사가 안되는 때를 불황기(不況期)라고 부른다. 경기가 좋을 때는 생산, 소비, 투자와 같은 전체적인 경제활동이 활발하게 움직인다. 기업이 아이디어를 내어 만든 물건이 국내외 시장에서 잘 팔려나가 이익이 많이 발생하고, 물건을 더 많이 만들기 위해 투자를 늘리게 되며, 이에 따라 일자리가 늘어나게 되고 일거리가 많아져서 직원들의 월급도 오르며, 호주머니 사정이 좋아지면 씀씀이가 커지고 소비활동도 왕성하게 된다. 이러한 소비자들의 소비활동이 늘어나게 되면 다시 기업들이 생산과 투자를 늘리게 되는 선순환 구조를 지닌다.

하지만 언제까지나 경기가 좋지만은 않다. 경기가 좋을 때 사람들이 씀씀이가 커지고 인건비도 올라서 물건값이 오르게 되며, 또한 물건값이 오르면 소비가 줄어들게 되고, 소비가 부진하면 기업들이 만들어 놓은 물건은 창고에 쌓이게 된다.

결국 기업들은 물건이 팔리지 않기 때문에 공장 가동을 줄이고 고용한 인력을 내보내 고정비용을 줄일 수밖에 없다. 그러면 사회에는 실업자가 양산되고, 수입이 줄어든 소비자들은 지출을 억제하게 되므로 물건이 팔리지 않아 기업은 다시 생산을 줄이게 되는 악순환 구조를 가지게 된다.

경기는 호황, 불황으로 돌고 돈다

　길을 가다보면 오르막길이 있으면 내리막길도 있고, 내리막길이 있으면 오르막길도 있다. 이런 것을 보고서 세상살이가 모두 순탄하지 않고 기복이 있다는 것으로 말할 수 있으나, 한 나라의 경제상황과 비유해 본다면 경기가 좋다가도 언젠가는 나빠지고, 또 경기가 정말 안 좋다가도 언젠가는 좋아지게 된다. 이처럼 한 나라의 경제상황도 호황에서 불황으로 다시 호황으로 순환하는 과정을 거치는데, 이를 경기순환(景氣循環, business cycles) 또는 경기변동(景氣變動)이라 한다.

　호경기에서 불경기로 혹은 반대로 순환되는 각 경기국면은 분명 반복적이기는 하지만 규칙적이지는 않다. 즉 경기상승과 경기하강의 기간, 경기변동의 폭 등이 일정하지 않다는 것으로 이로 인해 향후 경기 전망의 예측에 어려움이 있는 것이다.

　그리고 경기변동의 원인으로 대개 과잉투자, 기술혁신, 과소

소비, 금리변화, 대외 수출환경 등 다양한 변수에 의한다고 알려
져 있다.

그 중 가장 중요한 변수로 투자를 손꼽는데, 기업들의 투자가
왕성한 시기에 경기는 호황을 보이지만, 과도한 투자 이후 기업
의 공급이 수요를 훨씬 초과하는 상황에 이르게 되면 경기상승
속도는 둔화하게 된다. 재고급증에 따른 생산활동의 위축 및 생
산원가 절감을 위한 인력감축, 그리고 소비활동의 감소에 따른
구매력 상실 등으로 이어지는 경기하강이 점점 심해지는 것이다.

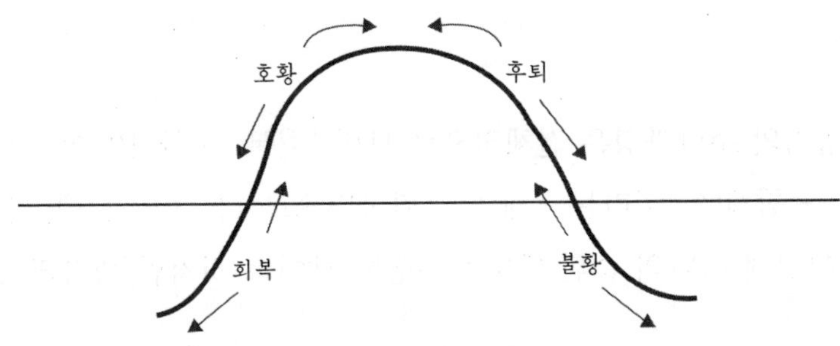

[경기순환]

경기의 순환과정을 읽자

경기의 순환과정은 전체적으로 보면 "회복 → 확장(번영) → 후
퇴 → 침체(수축)"라는 4개의 순환국면으로 나누어지는데, 경기
는 이렇게 하나의 순환주기를 분명히 보이는 것처럼 생각되지만

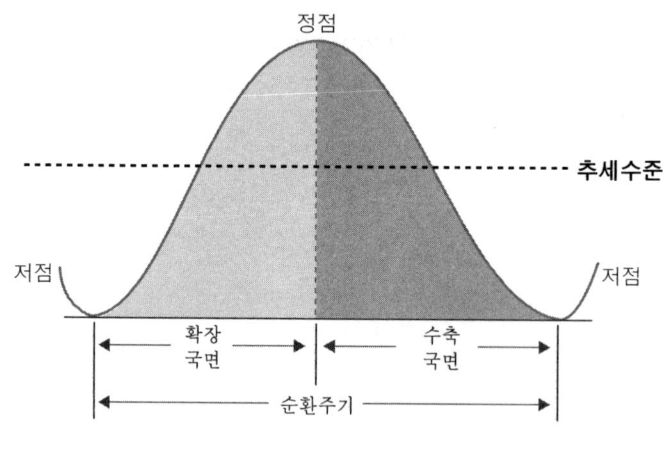

[경기의 순환과정]

실제로는 그 주기가 그렇게 뚜렷하게 구별되지 않는다. 그래서 하나의 정점에서 다음 정점까지를 한 주기의 경기순환이라고 간주한다.

따라서 한 주기의 경기순환을 일반적으로 정점에서 바닥까지의 수축기(침체기)와 바닥에서 다음 정점까지의 확장기로 양분하여 생각하는 것이 보통인데, 수축기에는 대개 구매력 감소와 재고 증가, 실업률 증가 및 금리 하락 등의 특징이 있다.

한편 경기의 순환과정을 보면 몇가지 중요한 특징[1]을 발견할 수 있는데 첫째, 단순히 확장과 수축이 교차하면서 반복적으로 나타나는 것이 아니라 각 순환과정의 주기와 진폭이 서로 다르게 나타나고 한 주기 내에서도 확장기와 수축기의 길이가 다르게 나타나는 것이 일반적이다.

둘째, 경기순환은 다양한 경제활동의 순환적 변동을 집약화한 것이기 때문에 특정 통계자료에 의존해서 경기의 흐름을 판단할 경우 나무만 보고 숲을 보지 못하는 것과 같은 잘못이 초래될 가능성이 크다.

셋째, 개별 경제활동은 동시에 동일한 방향으로 변동하는 것이 아니라 그 영향이 상당한 시차를 두고 다음 단계로 파급된다. 예를 들어 장래의 경기를 미리 예고해 주는 수주활동이 활발해질 경우 이의 효과가 일시에 여러 부문에 파급되는 것이 아니라 상당한 시간이 경과한 후에 「생산 → 고용 → 소득 → 소비」의 순서로 영향을 미치게 되며, 이러한 경기의 파급경로는 산업이나 지역에 따라 각각 다르게 나타난다.

---

1) 한국은행, 알기 쉬운 경제지표해설, P310, 2000

넷째, 경기가 확장에서 수축 또는 수축에서 확장국면으로 일단 반전되기 시작하면 경제활동은 일정한 방향으로 누적적인 확대현상을 보이게 된다. 경기가 확장국면에 접어들었다 하더라도 초기에는 일부 부문에 국한하여 영향을 주게 되나 시간이 흐를수록 그 파급정도가 강해져서 경기의 흐름은 한층 빨라지고 증폭되어 나타난다. 그러나 이러한 상태가 무한정 지속되는 것은 아니고 확장 또는 수축 중 어느 한 쪽의 국면이 확대되면 이와 함께 각종 제약조건도 늘어나게 되어 마침내 경기의 반전현상이 일어난다.

경기는 순환주기가 있다

　자본주의경제는 역사 이래로 장기파동과 중기파동, 단기파동을 기록하면서 번영과 침체과정을 반복해 왔으며, 이러한 변동은 일정한 주기를 갖고서 비교적 정확히 반복되는 것이 보통이므로 이를 경기변동이라 부르게 된 것인데, 장기파동은 50~60년, 중기파동은 9~10년, 단기파동은 약 3~4년(40개월)의 경기순환 주기를 갖는다.

　이처럼 경기순환의 주기는 경기순환을 발생시키는 여러 가지 요인들에 의해서 다양하게 생각할 수 있는데, 특히 오늘날의 경기순환은 각 나라나 시기에 따라 달리 나타날 수 있고, 정부의 경제정책에 따라 경기상승기간은 길어지고, 경기하강기간이 짧아지는 경향도 있다.

　한편 경기순환의 연구는 일반적으로 경기변동의 순환과정 중에 주로 중기파동을 중심으로 하고 있다.

장기파동(콘드라티예프 파동)

　장기파동은 대체로 50~60년을 주기로 하여 경제가 파동적인 순환을 반복한다는 것으로 물가, 이자율, 생산량 등을 중심으로 상승, 하강의 양국면을 2분하여 분석한 콘드라티예프(Kondratiev, N.D.)의 이름을 따서 콘드라티예프 파동이라 부른다. 장기파동의 발생원인은 대체로 기술혁신이나 전쟁이나 혁명에 두고 있으며, 장기파동은 5~6개의 중기파동을 내포하고 있다.

중기파동(쥬글라 파동)

　중기파동은 9~10년을 주기로 하는데, 발견자의 이름을 따서 쥬글라 파동(Juglar's waves)이라고 하며, 좁은 의미로 경기순환

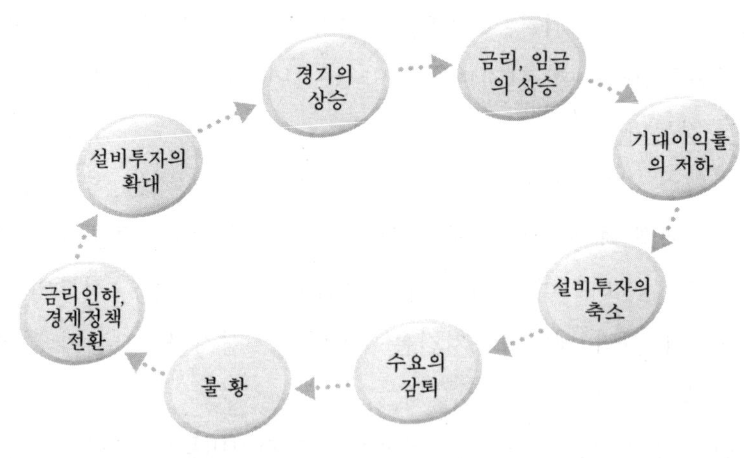

[설비투자의 순환과정]

이라고 할 때 쥬글라 파동을 의미한다.

중기파동의 주요원인은 기업의 설비투자 변동으로 보는데, 기업의 설비투자 증가 → 생산의 증가 → 과잉생산 → 기업의 설비투자 감소로 이어지는 경기순환을 보인다. 즉 기업의 설비투자가 약 10년의 간격을 두고 주기적으로 되풀이되는데, 설비투자의 중심이 되는 것은 기계로서 이 기계의 이용연수가 대체로 10년 전후이기 때문에 설비투자는 10년마다 갱신된다고 볼 수 있다.

따라서 중기파동은 설비투자순환이라고도 한다. 또한 건축순환은 중기파동의 일종으로 볼 수 있다. 즉 건축순환은 18~20년의 주기를 가지며, 쥬글라 파동과 일치되지 않으나 장기파동보다는 짧은 것이 특징이다.

도로, 주택 등의 건설이 대체로 20년을 전후하여 주기적으로 갱신되기 때문에 건축순환이 일어난다고 보는 것이다.

단기파동(키친 파동)

단기파동은 약 3~4년(40개월)의 경기순환 주기를 갖는데, 발견자 키친의 이름을 따서 키친 파동(Kitchin's waves)이라 한다. 키친(Kitchin, J.)은 중기파동이 40개월을 주기로 하는 세 개의 단기파동으로 구성되어 있다는 것을 발견하였는데, 이 파동은 재고품의 순환과 일치하기 때문에 재고순환(inventory cycle)이라고 한다.

단기파동은 주로 재고투자의 변동에 기인하며, 생산량이나 물

가보다도 오히려 이자율에서 현저히 나타나는데 장기파동이 상
승기에 있으면 그보다 짧은 파동은 상승기간이 길어지고 그 반대
는 반대현상이 일어나는 것이 보통이다.

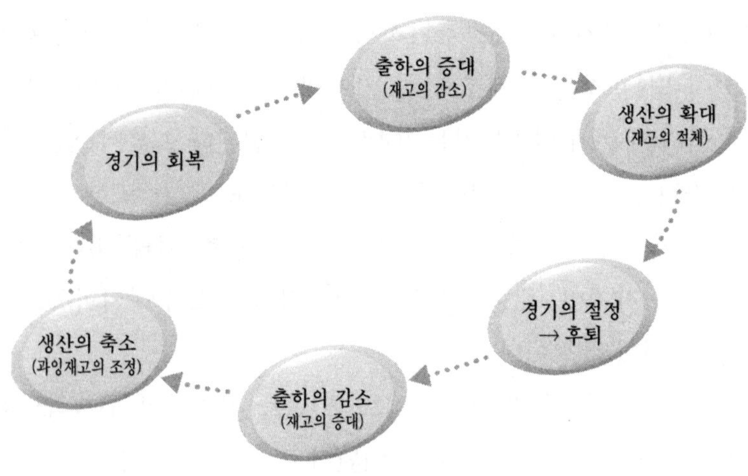

[재고투자의 순환과정]

경기순환의 국면

경기순환은 경제현상을 호경기와 불경기가 주기적으로 파동을 그리면서 발전하여가는 하나의 국면이라 생각하는 것인데, 이러한 주기적 경기순환은 이미 살펴본 바와 같이 단기, 중기, 장기순환이 있으며, 각각 독립적으로 진동하는 것이 아니라 동시에 결합되어 있다. 장기파동이 하강과정에 있을 때에는 중기파동의 상승과정은 짧아지고 하강과정은 길게 연장되는 경향이 있고, 반대로 장기파동의 상승기에는 중기파동의 상승기간은 길어지고 하강기간은 단축되는 경향이 있다.

미국 경제학자인 슘페터(Schumpeter, J.A.)는 경기순환에 대해 하나의 장기순환은 6개의 중기순환으로 구성되며, 하나의 중기순환은 3개의 단기순환이 결합되어 일어난다고 한다. 그래서 호황 속에서도 다소의 경기후퇴는 얼마든지 있을 수 있고, 또한 불황의 과정에 있어서도 어느 정도의 경기의 상승은 있을 수 있다는 것이다. 그는 하나의 경기순환을 호황국면, 침체국면, 불황국면, 회복국면 등 4국면으로 나누고, 경제활동이 정상적인 수준을 유지하는 상태를 정상상태 또는 균형상태(equilibrium state)라고 칭한다. 이와 같이 경기순환의 움직임을 4분법으로 파악할 때, 생산·소득·가격이 한 방향으로 변동하면 같은 방향으로 누적적으로 발전한다고 하며, 어느 정점에 도달하면, 기동력이 감퇴되어 반대방향으로 반전되는 경향을 갖는다는 것이다.

호황국면에서는 기업활동이 활발해지고, 자본설비가 급속히

[경기순환표]

구 분	침 체 기	공 황 기	회 복 기	호 황 기
생 산	최저점에 달하고 말기에 생산재가 증대	생산재와 소비재가 급격히 감소	생산재, 소비재가 다같이 증대	소비재의 생산은 활발하나 생산재의 생산은 감소로 전환됨
실 업	가장 많다	격증한다	감소한다	현저히 감소
물 가	약간의 하강운동이 보임	폭락한다	등귀한다	정체한다
증 권 시 장	하락에서 상승으로 전환, 채권가격이 주식가격을 주도	증권가격이 제일 밑바닥으로 하락	증권가격이 등귀	상승에서 하락으로 전환 계속
소 득	기업소득, 노동소득이 최저에 달함	기업소득은 현저히 감소하고 노동소득도 감소	기업소득이 급증하고 노동소득이 점차 상승	기업소득은 드디어 감소로 전환되고, 노동소득은 정체
금 융 시 장	가장 완만한 상태에 있음	매우 심각한 자금난에 봉착	처음에는 완만하나, 금리는 점차 상승	자금조달이 어려워지기 시작

확장되어 생산량·고용량·국민소득수준은 증가하며, 현저하게 물가상승 현상이 나타난다. 그러나 번영의 정상에 달하면, 수요가 포화상태에 달하게 되어 경기침체의 국면에 들어가게 되는데, 수요는 급속히 감퇴하고, 생산·고용·국민소득 증가율이 둔화 또는 감소하며, 기업이 도산하고 실업이 증가한다. 이처럼 경기침체가 특히 급격하게 진행되는 현상을 공황이라고 한다.

한편 경기침체가 완만한 경우를 불황이라고 하는데, 불황국면에서는 생산이나 고용량이 계속 감소하며, 물가나 이윤율이 낮은 수준에서 기업 활동은 둔화된다.

그러나 불황에서 회복국면에 들어서면, 채산이 맞는 투자가 유발되어 수요가 점차 증가하기 시작하므로 생산·고용·국민소득·물가가 상승하며, 이것이 누적되면 호황의 확장국면으로 들어가게 되는 것이다.

경기의 움직임을 읽는 법

경기의 움직임은 정부나 기업은 물론 가계에도 커다란 영향을 미치므로 각 경제주체들은 최근 경기의 동향에 관심을 갖게 된다. 이렇게 경기동향에 큰 관심을 기울이는 이유는 정부의 경우 나라 경제의 움직임을 안정적으로 유지하기 위하여 국내외의 경기동향을 미리 파악하여 적절한 정책을 수립·시행할 수 있고, 기업은 경기움직임을 잘 파악하여야 수요예측이 가능하고 이에 따라 신규투자나 생산, 임금, 고용 등의 의사결정에 영향을 미치며, 가계 역시도 소비지출, 저축 등에 보다 합리적으로 의사결정을 할 수 있으므로 경기순환 과정에서의 그 움직임에 대한 예측은 중요한 의미를 지닌다.

경기순환을 예측하는 방법

앞날의 경제전망을 어떻게 볼 것인가를 예측하기 위한 방법은

그에 대한 관심만큼이나 다양한데, 우선 경기의 변화상태를 나타
내는 다양한 경제지표를 통하여 전망하는 방법과 경제현장의 실
제상황을 파악하기 위해 기업이나 가계를 방문해 설문조사를 통
해 예측하는 방법, 그리고 경제학자나 경제전문가들이 경제전체
나 일부분의 움직임을 나타내는 경제모형을 만들어서 이를 통해
경기를 예측을 하는 방법이 있다.

경제지표로 예측하는 방법

경제지표를 이용하여 경기를 예측하는 방법은 개별경제지표
에 의한 방법과 종합경기지표에 의한 방법으로 나누어 볼 수 있
다. 개별경제지표에 의한 경기예측방법은 생산, 투자, 고용, 수출
등 경기의 움직임을 잘 반영한다고 생각되는 개별경제지표들의
추이를 경기변동이론이나 과거의 경험적인 사실 등에 비추어 종
합적으로 판단하는 방법이다.

하지만 개별경제지표들은 경제활동의 한 측면만을 나타내기
때문에 나라경제 전체의 경기동향을 파악하기 위해서는 각종 지
표들을 모두 합한 종합적인 경기지표를 살펴볼 필요가 있다. 이
러한 종합경기지표로는 경기선행지표, 경기확산지수, 기업경기
실사지수, 경기종합지수가 있다.

설문조사로 예측하는 방법

설문조사에 의해 경기동향을 예측하는 방법으로는 경기실사
지수, 소비자태도지수, 소비자신뢰지수, 소비자동향지수 등이 있

다. 이중 경기실사지수는 기업활동의 실적·계획·경기동향 등에 대한 기업가들의 의견을 직접 조사하여 이를 지수화 하여 전반적인 경기동향을 파악하고자 하는 지표인데, 기업가들의 경기에 대한 판단, 장래 전망 등을 설문지를 통해 조사하는 것으로 기업가의 판단과 계획이 단기적인 경기변동에 중요한 영향을 미친다는 점에서 중요한 경기예측 지표로 사용되고, 경기의 전환성을 예측하는데 효과적이라는 장점을 가진다.

경제모형으로 예측하는 방법

나라경제 전체나 또는 금융부문, 수출입부문 등과 같은 일부분에 대한 경제모형을 설정하고 이 모형을 구체적인 자료를 이용하여 추정한 후 여러 가지 경제의 운용시나리오에 따라 앞날의 경제를 예측하는 방법인 계량경제모형에 의한 방법이 주로 사용된다.

경기순환의 파악

경기순환은 총체적 경제활동이 경제의 장기 성장추세를 중심으로 상승과 하강을 반복하며 성장하는 현상인데, 이러한 경기순환의 국면을 구분하는 방법에는 여러 가지가 있으나 경기저점에서 정점까지 경제활동이 활발한 확장국면, 경기정점에서 저점까지 경제활동이 위축된 수축국면으로 나누는 이분법을 주로 이용한다.

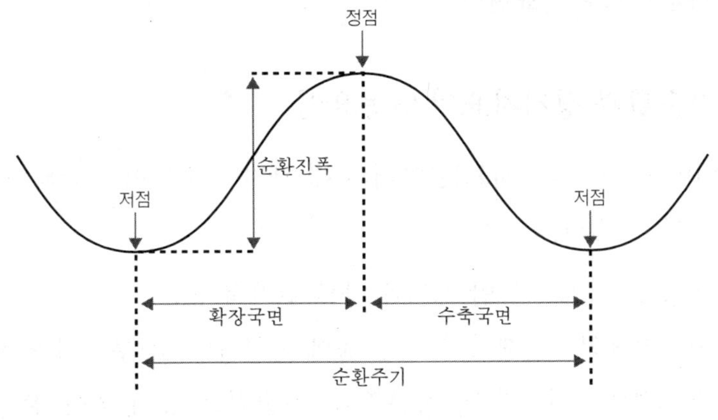

[**경기 순환도**]

확장과 수축의 경기국면에서 저점에서 다음 저점까지, 또는 정점에서 다음 정점까지의 기간을 순환주기라고 하며, 순환의 강도를 의미하는 정점과 저점간의 차이를 순환진폭이라 한다.

경기전환점인 기준순환일

기준순환일은 국민경제 전체의 순환변동에서 국면전환이 발생하는 경기전환점을 의미하는데, 확장국면에서 수축국면으로 전환하는 경기정점과 수축국면에서 확장국면으로 전환하는 경기저점이 있다.

일반적으로 총체적 경제활동 성장률이 2분기 이상 추세성장률을 상회하면 확장국면, 하회하면 수축국면으로 본다.

우리나라의 기준순환일은 통계청에서 GDP, 산업생산 등 개별지표와 경기지수의 움직임을 분석한 후 관련 전문가의 의견을 들어 사후적으로 발표한다.

경기순환과 경기지표의 변동요인

일반적으로 경기지표는 아래의 네 가지 요소들이 포함되어 있다고 할 수 있다.

① 계절요인 : 일년동안 계절에 따른 주기적 변동
② 불규칙요인 : 천재지변, 파업 등에 따른 단기적·우발적 변동
③ 추세요인 : 인구증가, 자본축적, 기술진보 등에 의한 장기적 변동
④ 순환요인 : 경기의 상승과 하강에 따른 변동요인

한편 경기분석에는 이들 요인 중 비경기적 요인인 계절 및 불규칙요인을 제거한 추세·순환치 또는 순환변동치가 이용된다.

순환변동치와 증감률

경기지표는 계절조정계열(추세·순환치)의 전월(기)비와 순환변동치, 원계열의 전년동월(기)비 등으로 표현할 수 있다.

경기국면과 전환점을 나타내는 순환변동치가 상승하면 경기의 확장국면, 하강하면 수축국면전월(기)비가 추세치 전월비를 상회하면 확장국면, 하회하면 수축국면, 통과할 때가 경기전환점이 된다. 전월비가 가장 큰 시점과 가장 작은 시점은 추세·순환변동치의 변곡점일 뿐 경기전환점과는 무관하다.

전년동월(기)비도 전월비처럼 추세치 전년동월(기)비와의 관계

에 의하여 국면 및 전환점을 판정해야 한다. 전년동월(기)비의 정
·저점은 경기전환점과는 무관하며, 변곡점의 위치, 국면지속기
간의 크기 등에 따라 그 위치가 정해진다.

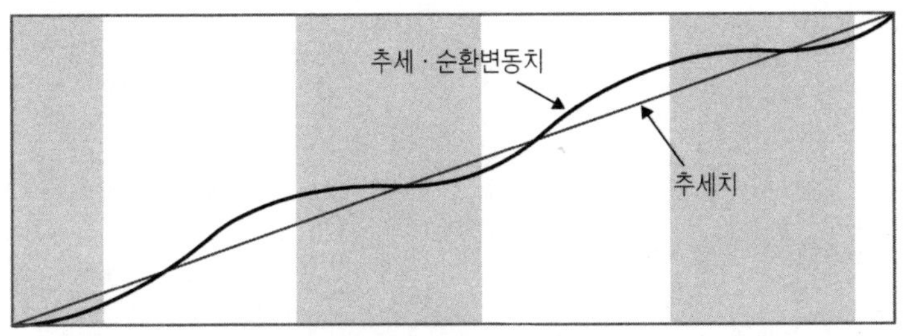

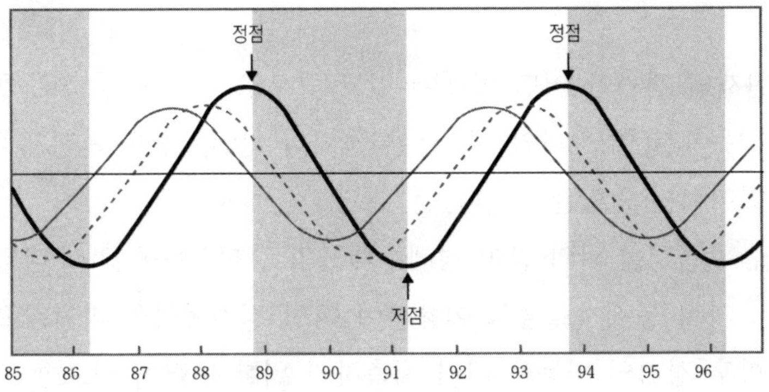

[경기지표의 순환변동치와 증감률]

※ 중앙의 가로선은 전월비 도표에서는 추세치의 전월비, 전년동월비 도표에서는 추세치의 전년동월비,
　순환변동치 도표에서는 추세선=100에 각각 해당됨.

경기변동을 미리 보는 눈, 경기지표

　현재의 경기가 어떤 상태에 있고 앞으로 어느 방향으로 흐르고 있는지를 미리 파악하는 것은 국가나 기업, 가계 등 경제주체에 있어서는 중요한 일이다.

　앞서 설명한 바와 같이 경제주체들의 경제활동에 의해 나타난 여러 가지 통계자료들을 이용하여 직접 경기동향을 파악함으로서 향후 경기의 변동을 미리 예측하기 위한 노력이 필요한 것이다. 이를 위해 경기가 상승국면인지, 하강국면인지 현재의 경기상황을 잘 보여주고 각 부문의 상황을 대표할 수 있는 경제지표들을 이용하여 그 판단의 자료로 이용한다.

　즉 생산, 물가, 고용, 이윤, 금융 등의 경제지표 몇 가지를 합성하여 경기의 변동을 확인하거나 장래의 경기변동을 예측하는 근거로 삼는 것을 경기지표(景氣指標, business indicators)라고 부르는데, 경기의 상승·하강 국면을 미리 예상하며 당면한 경기상황이 어떤 국면에 위치하고 있는가를 알 수 있는 길잡이 구실을 하는 것이 바로 경기지표이다.

개별경제지표를 통해 파악한다

경기의 움직임을 알 수 있는 생산, 투자, 고용, 수출 등 개별경제지표들의 추이를 통해 경기변동이론이나 과거의 경험적인 사실 등에 비추어 종합적으로 경기상황을 예측하는 방법이다. 이러한 개별경제지표중 가장 대표적인 것으로 GDP(국내총생산)통계가 있다.

GDP는 나라 경제의 모든 주체들이 일정기간 동안 생산한 재화와 용역의 부가가치를 금액으로 환산한 합계이므로 각 부문의 생산활동 뿐만 아니라 소비, 투자, 수출 등 수요동향까지 살펴볼 수 있는 종합적인 지표이다. 하지만 이 통계는 당해년도(분기)가 끝난 후 상당기간이 경과한 후에야 추계가 가능하고 발표되기 때문에 이를 통하여 신속하게 현재의 경기를 판단하거나 장래의 경기를 예측하기에는 어려움이 따르므로 경기를 신속하게 파악하기 위해서는 적어도 월별로 발표되는 각종 경제지표들을 이용하여야 한다.

월중 수요의 움직임을 나타내는 경제지표들을 부문별로 살펴보면 우선 소비활동과 관련되는 지표로서 도소매판매액지수, 소비재출하지수, 소비재수입액 등이 있다.

투자활동의 관련지표로는 건설활동을 나타내는 건축허가면

적, 국내건설공사수주액, 건설용중간재출하지수, 시멘트출하량 등과 설비투자동향을 나타내는 국내기계수주액, 설비용기계류내 수출하지수, 기계류수입액, 기계류수입허가액 등이 있다. 그리고 수출입동향을 나타내는 지표로서는 수출액, 수출신용장내도액, 수입액, 수입허가서발급액 등이 있다.

한편 생산활동과 관련된 경제지표에는 산업생산지수를 중심으로 생산자출하지수, 생산자제품재고지수, 제조업 생산능력지수 및 가동률지수 등이 있다. 이중 산업생산지수는 일정기간 동안에 이루어진 산업생산활동의 수준을 나타내는 지표로서 전체 경기의 흐름과 거의 유사하게 움직이는 대표적인 지수이다.

이 지수는 경기동향을 파악할 때 GDP와 함께 핵심적인 지표로 사용되는데 우리나라에서는 광업, 제조업, 전기·가스업을 대상으로 매월 작성하고 있다.

그러나 이 방법은 개별경제지표들의 추이를 통해 경제부문별로 경기동향의 파악에는 유용하지만 나라 전체 경기의 움직임을 종합적으로 파악하기에는 어려움이 있다.

종합경기지표를 통해 파악한다

경기선행지표

경기예고지표(B.W.I. : Business Warning Indicator)라고도 하며, 과거의 경험을 기초로 주요 경제지표의 동향을 파악하여 현재의 경기상태가 과열상태인가 또는 정체상태인가를 제시해 주는 종합판단지표이다.

일련의 단계적인 작업순서를 거쳐서 경기예고지표가 편제되는데, 각종 경제지표의 원계열을 수집하여 계절변동요인과 불규칙변동요인을 제거한 후 이러한 시계열조정작업이 끝난 지표들로부터 지표편제에 포함될 계열을 최종적으로 선정한다. 선정된 각 지표의 기준치를 산출하여 각 지표의 신호 등을 결정하고 이를 기점으로 종합지표인 경기예고지표의 신호 등을 도출하게 된다.

경기선행지표는 적색, 청색 등 4개의 신호로 구별하고 있는데, 적신호는 경기억제정책을, 청신호는 경기자극정책을 취할 필요가 있음을 나타낸다.

경기확산지수

경기확산지수(景氣擴散指數, D.I. : Diffusion Index)는 경기동향지수라고도 하는데, 경기가 전환되었는지 아닌지, 전환되면 전환된 국면에 경기가 얼마나 성숙되어 있는지를 판가름한다.

$$\text{경기확산지수} = \frac{\text{증가지표수} + (\text{보합지표수} \times 0.5)}{\text{구 성 지 표 수}} \times 100$$

이 지수는 경기에 반응도가 높은 수십 개의 변수들 중에서 몇 %가 전기에 비해 더 좋아졌는지를 보여 준다. 즉 이 지수가 50보다 크면 클수록 경기는 상승하여 정점으로 가고 있다고 판단하고, 50보다 작으면 작을수록 경기는 수축하여 바닥으로 가고 있다고 판단하는 것으로 50이면 경기가 전환점에 있는 것으로 간주한다.

그런데 경기동향지수는 경기종합지수와는 달리 경기변동의 진폭이나 속도는 측정하지 않고 변화방향만을 파악하는 것으로서 경기의 국면 및 전환점을 판단할 때 유용하게 사용될 수 있다.

이러한 경기동향지수도 경기종합지수에서와 같이 선행, 동행 및 후행지수의 3개군으로 구분되어 작성된다.

이 경기동향지수에는 천정에서 바닥까지를 수축 과정 그리고 바닥에서 천정까지를 확장 과정으로 잡아 작성하는 역사적인 경기확산지수와 매달마다 전달과 비교하여 확대된 지표들의 수를 계산하여 작성하는 현재의 경기확산지수가 있다.

기업경기실사지수

경기 동향을 파악하기 위해 행해지는 조사 중에는 실제로 사업하고 있는 기업체를 실사하는 방법이 있는데, 이 방법으로 계산된 지수를 기업경기실사지수(企業景氣實査指數, B.S.I. : Business Survey Index)라고 한다. 이 지수의 계산 방법은 아래의 표에서와 같이 지난기보다 호전된 기업체 수에서 악화된 기업체 수를 차감해서 계산한다. 그러므로 이 지수의 값이 100보다 크면 확장 국면, 100보다 적으면 침체 국면에 경기가 놓여 있다고 해석한다.

$$\text{기업경기실사지수} = 100 + \frac{\text{호전된 기업체 수} - \text{악화된 기업체 수}}{\text{전체 조사 업체 수}} \times 100$$

　　기업경기실사지수는 기업활동의 실적·계획·경기동향 등에 대한 기업가들의 의견을 직접 조사하여 이를 지수화하여 전반적인 경기동향을 파악하고자 하는 지표를 말한다. 그래서 이 지수는 기업가들의 경기에 대한 판단, 장래 전망 등을 설문지 작성을 통해 구체적으로 조사해 기업가의 판단과 계획이 단기적인 경기변동에 중요한 영향을 미친다는 점에서 중요한 경기예측 지표로 사용되고, 경기의 전환성을 예측하는데 효과적이라는 장점을 가진다. 또한 이 지수는 다른 경기지표들과는 달리 기업가들의 주관적이고 심리적인 요소까지 조사가 가능하다는 특징을 가지므로 정부 정책의 파급효과를 분석하는데 활용되기도 한다. 실물지표에 반영되지 않는 요인들까지 반영할 수 있어서, 요즘과 같이 불안한 경제심리가 거꾸로 실물경기 하락을 유발하는 상황에서 유용성이 크다고 생각된다.

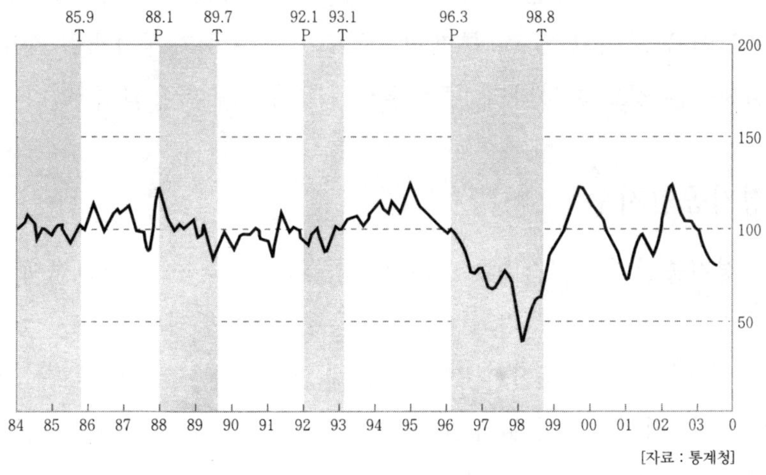

[자료 : 통계청]

[기업경기실사지수의 움직임]

우리나라에서는 한국은행, 산업은행, 전경련, 상공회의소 등에서 정기적으로 발표하는데 [O·X]방식의 설문후 [O]와 [X]가 차지하는 비율을 구하고, 그런 다음 [O]의 비율에서 [X]의 비율을 빼고 100을 더해준다.

만약 [O]의 비율이 54.5%이고 [X]의 비율이 45.5%라면 BSI지수는 54.5에서 45.5를 뺀 뒤 100을 더해준 109가 되며, 이는 경기가 호전될 것으로 보는 응답자가 악화될 것으로 비관하는 응답자보다 9% 포인트 가량 많다는 사실을 의미한다.

BSI는 0~200사이의 값을 가지는데, 100 미만이라는 것은 앞으로 경기를 부정적으로 보는 기업들이 긍정적으로 보는 기업보다 많다는 것을 의미한다. 특히 BSI는 경기선행지표로서 실물경제를 앞서서 반영하기 때문에, 기업 실적에 대한 예상에 따라 미리 움직이는 주가의 움직임과 밀접한 관계를 가지고 있다.

한편 실제로 90년대 이후 주가와 기업경기실사지수는 유사한 움직임을 보이고 있고, 통계적으로도 BSI는 주가에 4개월 정도 선행하는 것으로 나타나, 주식투자에 유용하게 활용될 수 있다.

경기종합지수

경기종합지수(綜合指數 C.I. : Composite Index)는 국민경제의 각 부문을 대표하고 경기대응성이 높은 각종 경제지표들을 선정한 후 이를 가공·종합한 것으로 통계청에서 매월 말에 발표하고 있는데, 경기전환점에 대한 시차의 정도에 따라 선행지수, 동행지수 및 후행지수로 구분된다.

경기종합지수는 미국 하버드대학 경제조사위원회가 1919년 이래 발표하고 있는 하버드인덱스로서 경기에 민감한 23개(우리 나라는 22개)의 경제 변수를 선정하여 계절적 변동과 추세적 변동을 제거한 다음 이것을 세 그룹으로 분류하여 각 그룹마다 종합 지표를 만든 것이다.

즉 이들을 경기순환보다 먼저 변하는 주가 등의 선행변수, 같이 변하는 물가 등의 동행변수, 나중에 변하는 이자율 등의 후행변수로 구분한 후, 이들 각 변수들로 구성된 선행 지표(先行 指標), 동행 지표(同行 指標), 후행 지표(後行 指標)를 작성하여 각 지표들의 동향을 하나의 그래프에 나타냄으로써 경기 동향을 진단한다.

경기의 바로미터, 경기종합지수

경기종합지수는 국민경제 전체의 경기동향을 쉽게 파악하기 위하여 경제부문별(생산, 투자, 고용, 소비 등)로 경기에 민감하게 반영하는 주요 경제지표들을 선정한 후 이 지표들의 전월대비 증감률을 합성하여 작성하는데, 개별 구성지표들의 증감률 크기에 의해 경기변동의 진폭까지도 알 수 있으므로 경기변동의 방향, 국면 및 전환점은 물론 속도까지도 동시에 분석할 수 있다.

이 지수는 우리나라의 대표적인 종합경기지표로 널리 활용되고 있는데, 통계청에서 작성하고 있다.

선행종합지수

선행종합지수는 투자관련 허가·수주지표나 재고율, 통화량 등의 지표처럼 실제 경기순환에 앞서 변동하는 개별지표를 가공

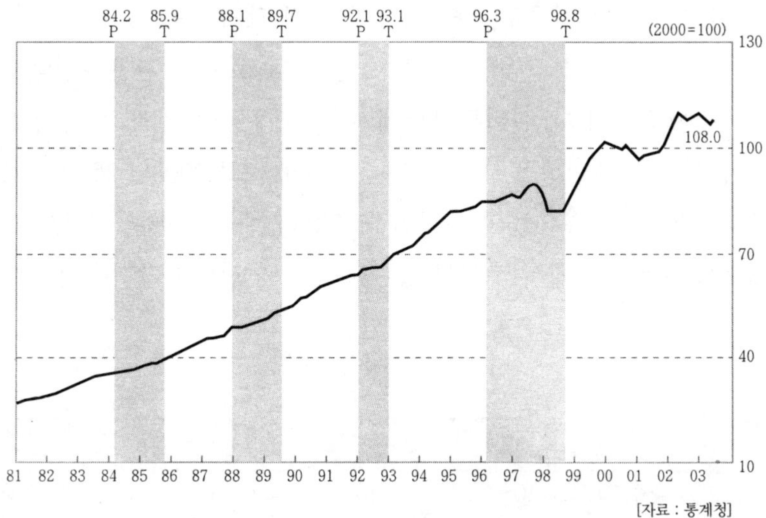

[선행종합지수의 움직임]

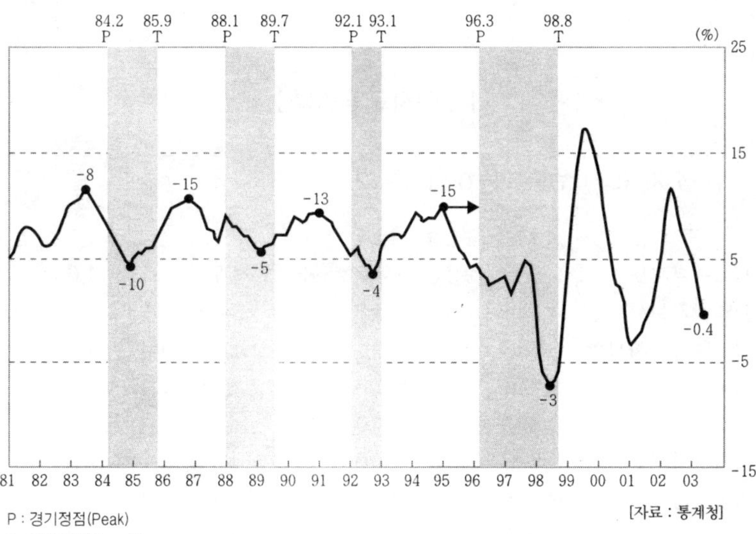

P : 경기정점(Peak)
T : 경기저점(Trough)

[선행지수 전년동월비의 움직임]

·종합하여 만든 지수로, 향후 경기변동의 단기 예측에 이용된다.

즉 앞으로의 경기동향을 예측하는 지표로서 자본재수입액(실질), 종합주가지수, 설비투자추계지수, 총유동성 등과 같이 앞으로 일어날 경제현상을 미리 알려주는 9개 지표(2003년 2월 기존 10개서 9개로 변경, 축소)들의 움직임을 종합하여 작성한다. 다음의 그래프들은 통계청에서 작성한 2003년 7월의 선행종합지수이다.

[선행종합지수 추이]

(2000 = 100, %, %P)

	02.12	03.1	2	3	4	5	6[P]	7[P]
선행종합지수 전 월 비	108.2 0.3	108.1 -0.1	107.4 -0.6	106.3 -1.0	105.6 -0.7	105.4 -0.2	106.6 1.1	107.0 0.4
전년동월비* 전 월 차	4.9 -0.6	4.0 -0.9	2.6 -1.4	0.9 -1.7	-0.4 -1.3	-1.2 -0.8	-0.6 0.6	-0.5 0.1

* 전년동월비 : 분모에 전년동월의 중심항 12개월 이동평균치를 이용하여 산출　　　　　[자료 : 통계청]

[구성지표 증감률]

(전월비 : %, 전월차 : %P, P) [1]

구 성 지 표	변동폭[2]	03.1	2	3	4	5	6[P]	7[P]
입·이직자비율	4.132	-2.3	1.7	1.8	3.7	-4.7	-1.5	-4.2
재고순환지표	2.809	-2.0	-4.3	-6.8	-4.7	-2.7	1.6	0.1
기업경기실사지수	4.444	-0.6	-5.3	-3.7	-5.4	-2.2	-1.0	-0.6
설비투자추계지수	3.546	-3.7	-2.1	0.3	1.9	-1.4	-1.7	-3.5
자본재수입액	3.401	0.9	1.6	-0.4	1.1	-3.1	-1.5	-0.3
건축허가면적	9.804	11.3	2.0	3.0	-18.7	-5.1	37.5	14.2
종합주가지수	5.525	-3.4	-7.0	-9.3	-3.0	2.9	7.2	6.6
총유동성	0.888	0.7	0.3	0.1	-0.1	0.4	0.6	0.5
순상품교역조건	1.264	-1.1	-2.1	-3.1	-0.9	1.6	2.3	1.2

1) 각 구성지표의 계절 및 불규칙요인을 제거한 후의 전월비(차)임　　　　　[자료 : 통계청]
2) 구성지표 증감률의 표준편차

　위의 지표를 통해 2003년 7월 중 경기동향을 보면 7월중 선행
지수 전년동월비는 전월에 비해 0.1%가 상승하였다.
　선행종합지수는 건축허가면적, 종합주가지수 등이 증가하여
전월보다 0.4% 상승하였으며, 선행지수 전년동월비는 -0.5%로
전월에 비해 0.1% 상승한 것을 보여주고 있다.

동행종합지수

　동행종합지수는 공급측면의 생산지수, 노동투입량 등과 수요
측면의 판매지수, 수출액 등과 같이 실제 경기순환과 함께 변동
하는 개별지표를 가공·종합하여 만든 지수로, 현재 경기상황의
판단에 이용된다. 즉 이 지수는 현재의 경기상태를 나타내는 지

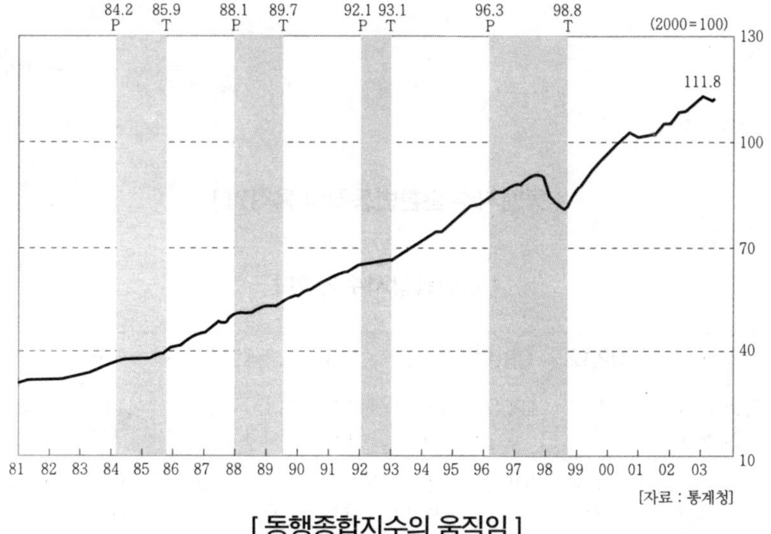

[동행종합지수의 움직임]

표로서 산업생산지수, 제조업가동률지수, 도소매판매액지수, 노동투입량 등과 같이 국민경제 전체의 경기변동과 거의 동일한 방향으로 움직이는 7개 지표(2003년 2월 기존 10개에서 7개로 변경, 축소)로 구성된다. 다음의 그래프들은 통계청에서 작성한 2003년 7월의 동행종합지수이다.

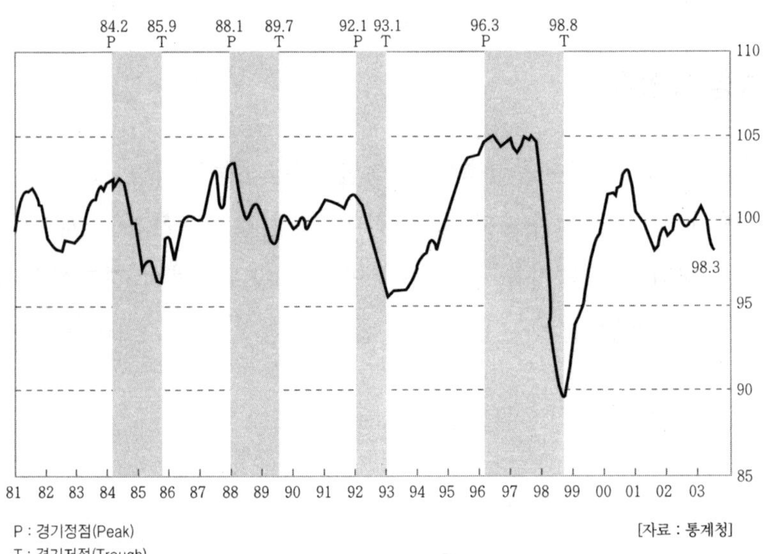

[동행지수 순환변동치의 움직임]

[동행종합지수 추이]

(2000 = 100, %, P)

	02.12	03.1	2	3	4	5	6ᴾ	7ᴾ
동행종합지수	114.1	114.9	115.0	114.9	114.5	114.4	114.6	114.7
전 월 비	0.9	0.7	0.1	−1.0	−0.3	−0.1	0.2	0.1
순환변동치	101.4	101.6	101.3	100.7	99.9	99.4	99.1	98.7
전 월 차	0.5	0.2	−0.3	−0.6	−0.8	−0.5	−0.3	−0.4

[자료 : 통계청]

[구성지표 증감률]

(전월비 : %, 전월차 : P) [1]

구 성 지 표	변동폭[2]	03.1	2	3	4	5	6ᴾ	7ᴾ
비농가취업지수	0.396	0.0	0.1	−0.1	−0.3	−0.1	−0.1	0.3
산업생산지수	1.119	0.4	0.1	−0.2	−0.2	−0.5	0.3	−0.6
제조업가동률지수	1.080	−0.1	0.2	−0.3	−0.4	−1.4	−0.1	−1.7
도소매판매액지수	1.447	0.3	−1.2	−1.0	−1.8	0.2	0.4	0.5
건설기성액	2.004	4.4	1.3	−0.5	−2.4	0.1	1.3	1.8
수출액	2.421	1.6	−0.8	0.9	1.5	0.7	0.8	−0.2
수입액	2.825	1.2	−0.3	−0.2	1.5	0.5	−2.4	−0.2

1) 각 구성지표의 계절 및 불규칙요인을 제거한 후의 전월비임   [자료 : 통계청]
2) 구성지표 증감률의 표준편차

위의 지표를 통해 2003년 7월 중 경기동향을 보면 7월 중 동행지수 순환변동치는 전월에 비해 0.4p 하락하였다. 동행종합지수는 건설기성액, 비농가취업자수 등이 증가하여 전월보다 0.1% 상승하였으며, 현재의 경기국면을 나타내는 동행지수 순환변동치는 98.7로 전월보다 0.4p 하락한 것을 보여주고 있다.

후행종합지수

후행종합지수는 재고, 금리 등 실제 경기순환에 후행하여 변동하는 개별지표를 가공·종합하여 만든 지표이다. 이 지수는 경기의 변동을 사후에 확인하는 지표로서 생산자제품재고지수, 이직자수, 도시가계소비지출 등과 같은 6개 지표(2003년 2월 일부 지표 변경)로 구성된다.

[후행종합지수 추이]

(2000 = 100, %)

	02.12	03.1	2	3	4	5	6[P]	7[P]
후행종합지수	113.0	114.3	114.8	115.6	115.5	116.3	117.0	117.9
전 월 비	0.3	1.2	0.4	0.7	−0.1	0.7	0.6	0.8

[자료 : 통계청]

[구성지표 증감률]

(전월비 : %, 전월차 : %P) [1]

구 성 지 표	변동폭[2]	03.1	2	3	4	5	6[P]	7[P]
이직지수	3.937	5.9	0.4	1.3	−5.4	1.1	−0.6	4.2
상용근로자수	0.425	0.0	−0.1	−0.1	−0.1	−0.2	−0.1	−0.3
생산자제품재고지수	1.236	0.4	1.1	1.4	1.9	1.4	0.7	0.2
가계소비지출	1.208	2.8	0.7	2.4	−1.6	0.5	1.2	1.5
소비재수입액	4.630	−0.6	−2.4	−3.7	−1.2	2.1	1.3	−0.2
회사채유통수익률	0.634	−0.2	−0.2	−0.2	0.0	0.0	0.0	0.1

1) 각 구성지표의 계절 및 불규칙요인을 제거한 후의 전월비임
2) 구성지표 증감률의 표준편차

[자료 : 통계청]

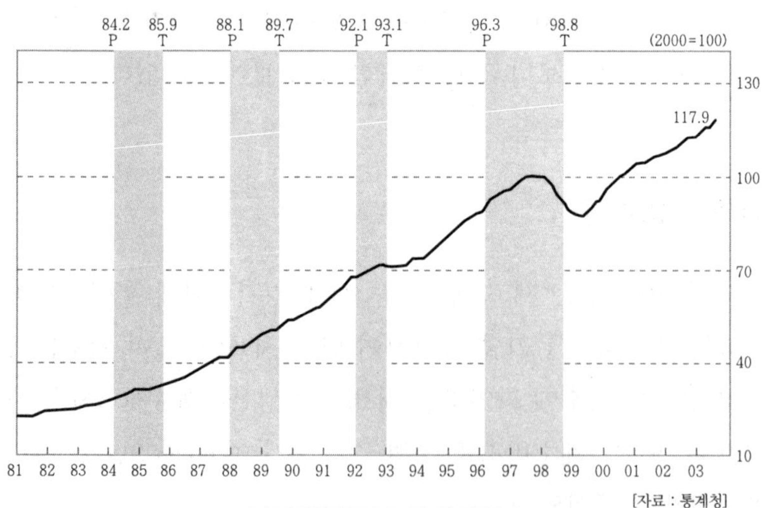

[자료 : 통계청]

[후행종합지수의 움직임]

　위의 그래프들은 통계청에서 작성한 2003년 7월의 후행종합지수인데, 7월중 후행종합지수는 이직자수 등이 증가하여 전월보다 0.8% 상승한 것을 보여주고 있다.

　한편 다음의 그림은 경기지수의 선행과 후행의 관계를 나타낸 것인데, 선행지수가 선행시차 만큼 앞서서 동행지수의 움직임을 예고해 줌을 알 수 있다.

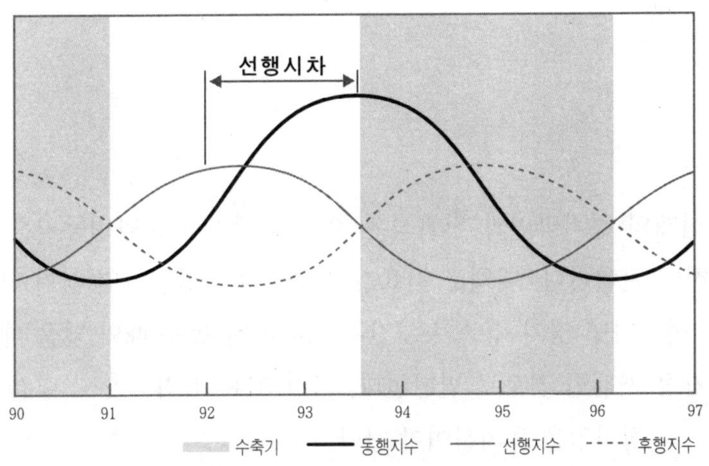

[경기지수의 선행·동행·후행 관계]

경기종합지수는 경기국면 및 전환점의 판단과 예측

현재의 경기국면과 전환점은 주로 동행지수 순환변동치를 이용하여 판단한다. 대체로 지표가 2분기 이상 상승하면 경기 확장기, 하강하면 경기 수축기로 간주하고 가장 높을 때와 낮을 때를 경기정·저점인 것으로 판단한다. 다만 지표의 최근 2~3년간 수치는 추정치임을 유의하여야 한다.

향후 경기국면과 전환점의 단기예측에는 선행지수 전년동월비가 주로 이용된다. 통상 지표가 현재까지와 반대방향으로 2분기 이상 연속하여 움직이면, 이 시점을 경기전환점 발생신호로 보고,

[순환기별 선행지수 전년동월비의 선행시차]

(단위 : 개월)

구분	저　　점					저　　점				시　차		
	80.9	85.9	89.7	93.1	98.8	84.2	88.1	92.01	96.03	정점	저점	평균
시 차	−5	−10	−5	−4	−3	−8	−15	−13	−15	−5.4	−12.8	−8.7

[자료 : 통계청]

여기에 과거의 평균선행시차를 더하면 향후 국면전환이 발생할 시점을 대략 추정해 볼 수 있다. 그리고 경기변동의 속도와 진폭은 주로 지수의 전월비 증감률 추이를 과거 순환기와 비교하여 판단 또는 예측한다.

하지만 경기종합지수는 지금까지 개발된 경기판단 지표 중 가장 개선된 것으로 평가되지만, 다음과 같은 한계가 있으므로 해석 시 유의하여야 한다.

선행지수의 선행시차 평균은 정점에서 12.8개월, 저점에서 5.4개월이지만 각각 8~15개월 및 3~10개월의 범위를 가진다. 그리고 선행지수가 3개월 연속 반대방향으로 움직여도 실제 경기전환이 발생하지 않는 경우(거짓신호)가 있을 수 있다. 따라서 보다 정확한 경기분석을 위해서는 당시 경기변동을 주도하는 부문 및 다른 지표의 분석과 함께 경제외적 상황의 움직임도 고려하여 종합적으로 판단하여야 한다.

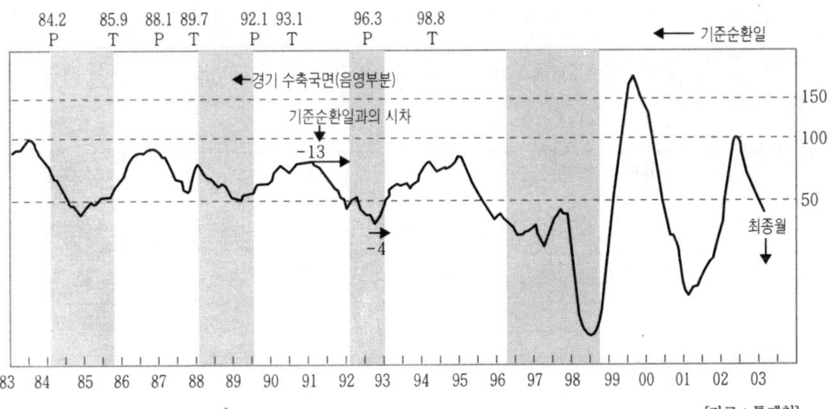

경기종합지수 구성지표의 내용

선행지수의 구성지표

선행지수는 다음의 9개지표로 구성된다.

경제부문	지 표 명	내 용	작성기관
고 용	입·이직자비율(제조업)	(입직자수/이직자수)×100	노동부
생 산	재고순환지표(제조업)	출하증가율 − 재고증가율	통계청
	기업경기실사지수(실적)		전경련
투 자	설비투자추계지수		통계청
	자본재수입액(실질)	자본재수입액/수입물가지수(자본재)	관세청
	건축허가면적(총)		건교부
금 융	종합주가지수	월평균	증권거래소
	총유동성(M₃, 실질 ; 말잔)	총유동성(M₃ ; 말잔)/생산자물가지수	한국은행
무 역	순상품교역조건	(수출단가지수/수입단가지수)×100	한국은행

동행지수의 구성지표

동행지수는 다음의 7개지표로 구성된다.

경제부문	지 표 명	내 용	작성기관
고 용	비농가취업자수		통계청
생 산	산업생산지수	광업, 제조업, 전기·가스업(647개품목)	통계청
	제조업가동률지수	제조업(265개 품목)	
소 비	도소매판매액지수	2000년 불변가격	통계청
투 자	건설기성액(실질)	건설기성액 / 생산자물가지수	통계청
무 역	수출액(실질)	수출액 / 수출물가지수	관세청
	수입액(실질)	수입액 / 수입물가지수	관세청

후행지수의 구성지표

후행지수는 다음의 6개지표로 구성된다.

경제부문	지 표 명	내 용	작성기관
고 용	상용근로자수		노동부
	이직자수(제조업)		노동부
생 산	생산자제품재고지수	광공업(540개 품목)	통계청
소 비	도시가계소비지출(전가구)	도시가계소비지출(전가구)/ 소비자물가지수	통계청
	소비재수입액(실질)	소비재수입액/수입물가지수(소비재)	관세청
금 융	회사채유통수익률	잔존기간 3년물의 보증부 사채 단순 평균수익률	한국은행

소비자를 통해 바라보는 경기예측

　소비자태도지수(CSI)는 소비자의 경기에 대한 인식이 향후 소비행태에 영향을 미치게 되므로 경기동향 파악 및 예측에 유용한 정보가 된다는 전제하에 소비자의 현재 및 장래의 재정상태, 소비자가 보는 경제전반의 상황과 물가, 구매조건 등에 대해 설문조사를 하고 이를 지수화한 것이다. 이 지수는 한국은행에서는 소비자동향지수라는 이름으로 분기별로 작성되고 있으며, 통계청에서는 소비자평가지수 및 소비자기대지수라는 명칭으로 월별로 작성되고 있다.

　소비자태도지수는 소비주체인 소비자의 경기에 대한 인식을 바탕으로 작성되므로 생산주체인 기업가의 경기판단을 중심으로 작성된 기업경기실사지수와는 차이가 날 수 있다. 따라서 양 지수를 종합하여 분석함으로써 기업가와 소비자의 경기인식을 종합적으로 판단, 경기예측력을 향상시킬 수 있다.

소비자동향지수

소비자동향지수(CSI : Consumer Survey Index)는 소비와 경기를 예측하는 지표로서, 장래의 소비지출 계획과 소비자들의 경기전망을 담고 있다. 소비자들에 대한 설문조사 결과가 지수로 환산된 것으로 투자와 생산 전망을 나타내는 기업 경기실사지수(BSI)와 비슷하다. 이 지수는 최저치 0이고 최고치는 200이다.

예를 들어 향후 경기전망지수가 0이면 경기가 나아질 것으로 생각하는 사람이 하나도 없다는 뜻이다. 반대로 200이면 경기가 악화한다고 보는 사람이 한 명도 없다는 의미다. 100은 양쪽의 견해가 똑같다는 것을 뜻한다. 즉 각 조사항목에 대한 소비자의 응답을 가중평균한 지수로 기준치는 100이다. 생활형편전망CSI가 기준치 100을 상회(하회)하면 앞으로 생활형편이 좋아질(나빠질) 것이라고 응답한 가구가 나빠질(좋아질) 것으로 응답한 가구

[주요 소비자동향지수(CSI) 추이]

구 분	2001.1/4	2/4	3/4	4/4	2002.1/4	2/4	3/4	4/4	2003.1/4	2/4
생활형편전망CSI[1]	82	90	85	94	105	103	101	90	85	85
가계수입전망CSI[2]	89	95	92	99	108	107	103	97	88	91
소비지출계획CSI[2]	107	111	107	111	121	120	116	106	103	102
향후경기전망CSI[1]	66	87	71	94	123	119	115	95	90	68

[자료 : 한국은행]

[1] $\dfrac{(\text{매우 좋아짐} \times 1.0 + \text{약간 좋아짐} \times 0.5 - \text{약간 나빠짐} \times 0.5 - \text{매우 나빠짐} \times 1.0)}{\text{전체 응답가구수}} \times 100 + 100$

[2] $\dfrac{(\text{크게 증가} \times 1.0 + \text{다소 증가} \times 0.5 - \text{다소 감소} \times 0.5 - \text{크게 감소} \times 1.0)}{\text{전체 응답가구수}} \times 100 + 100$

보다 많다는 것을 의미한다. 이 소비자동향지수는 다양한 측면에 대해 작성되고 있는데 예를 들면 생활형편, 경기전망, 가계소득, 소비지출계획 등에 대한 지수를 작성하고 있다. 지난 1995년 3분기부터 소비자동향지수를 분석해 온 한국은행은 1998년 3분기부터 외부에 공표하기 시작했다. 위의 자료는 한극은행이 작성·발표한 '2003년 2·4분기 소비자동향조사' 결과인데 이를 살펴보면 향후 생활형편, 가계수입, 소비지출계획에 대한 소비자 전망이 대체로 전분기 수준을 유지하였으나 향후 경기상황을 좋지 않게 보는 소비자가 크게 증가함을 알 수 있다.

생활형편전망CSI(85 → 85)는 및 가계수입전망CSI(88 → 91)가 대체로 전분기 수준을 유지하였으나 여전히 기준치(100)를 하회하고 있으며, 소비지출계획CSI는 기준치(100) 수준을 유지(103 → 102)하고 있다. 그리고 향후경기전망CSI는 큰 폭으로 하락(90 → 68)하고 있다. 결국 이 조사를 통해 현재의 경제상황에서 앞으

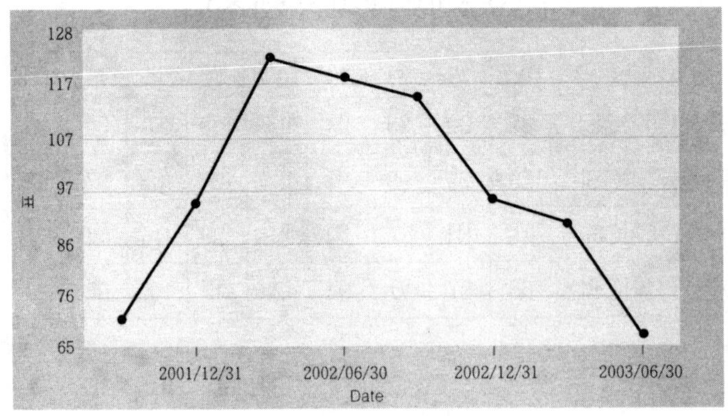

[향후경기전망CSI의 움직임]

로 경기가 더욱 나쁠 것으로 판단하고 생활형편이 계속 어려워질 것으로 예상하는 소비자들이 훨씬 많다는 것이다.

소비자기대지수

소비자기대지수는 경기, 생활형편 등에 대한 소비자들의 주관적인 인식을 파악하여 현재 또는 향후의 경제상황을 판단하거나 예측하는 자료를 활용하기 위해 통계청에서 작성한다.

이 지수는 현재와 비교하여 6개월 후의 경기, 생활형편, 소비

$$\text{산식} = \frac{(\text{매우좋은가구수} \times 2.0) + (\text{조금좋은가구수} \times 1.5) + (\text{동일가구수} \times 1.0) + (\text{조금나쁜가구수} \times 0.5) + (\text{매우나쁜가구수} \times 0.0)}{\text{총 응 답 수}} \times 100$$

※ 지수 작성방법
　각 응답척도에 대해 가중치를 부여하여 지수를 산정
　• 가중치 : 매우 좋음 = 2, 조금 좋음 = 1.5, 동일 = 1, 조금 나쁨 = 0.5, 매우 나쁨 = 0

[소비자기대지수]

구　　분	02.12월	03.1월	2월	3월	4월	5월	6월	7월	8월
소비자기대지수	94.8	96.4	96.1	90.4	94.5	94.5	91.7	90.8	92.0
경　　　기	87.4	92.8	89.1	78.9	90.8	91.0	85.5	84.0	86.3
생 활 형 편	98.2	99.6	99.3	96.0	98.6	97.9	95.7	96.6	96.8
소 비 지 출	103.3	102.2	104.9	98.7	98.5	100.0	97.8	97.0	97.8
내구소비재구매	91.0	90.3	91.2	89.3	91.1	90.2	89.4	87.5	88.0
외식·오락·문화	89.5	91.8	90.9	87.1	89.5	88.5	86.2	84.3	86.1

[자료 : 통계청]

지출 등에 대한 소비자들의 기대를 나타내는 것으로 조사문항은 경기, 생활형편, 소비지출, 자산평가 등과 관련된 14개 문항이고, 응답척도는 매우 좋음, 조금 좋음, 동일, 조금 나쁨, 매우 나쁨 등의 5단계로 하고 있다.

위의 통계청에서 작성·발표한 "2003년 8월 소비자기대지수"를 살펴보면 현재와 비교하여 6개월 후의 경기, 생활형편, 소비지출 등에 대한 소비자들의 기대심리를 나타내는 소비자기대지수는 92.0으로 전월(90.8)에 비해 높아졌음을 알 수 있다.

그리고 경기에 대한 기대지수는 86.3으로 향후 경기가 나빠질 것이라고 생각하는 소비자들이 줄어들어 전월(84.0)에 비해 상승하였다. 또한 생활형편에 대한 기대지수는 96.8로 전월(96.6)과 비슷한 수준을 나타냈으며, 소비지출에 대한 기대지수는 97.8로 향후 소비지출이 감소할 것이라고 생각하는 소비자들이 줄어들어 전월(97.0)에 비해 상승하였음을 알 수 있다.

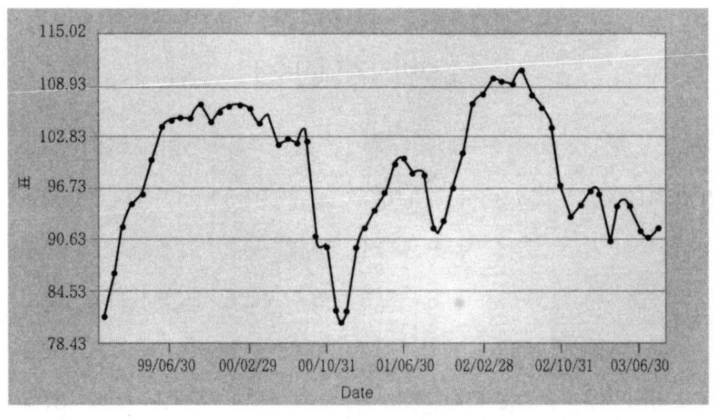

[소비자기대지수의 움직임]

한편 내구소비재(가구, 가전제품, 승용차 등)에 대한 구매지출 기대지수는 88.0으로 전월(87.5)에 비해 상승하였으며, 외식·오락·문화생활관련 소비지출 기대지수도 86.1로 전월(84.3)에 비해 상승하였다.

소비자평가지수

소비자평가지수는 6개월 전과 비교하여 현재의 경기, 생활형편 등에 대한 소비자들의 평가를 나타내는 지수로서 자료 조사 및 지수 작성방법은 소비자기대지수와 같다.

[소비자평가지수]

구 분	02.12월	03.1월	2월	3월	4월	5월	6월	7월	8월
소비자평가지수	81.2	79.6	73.5	63.9	64.7	67.0	62.7	62.1	63.9
경 기	76.7	73.1	63.9	50.2	51.3	55.4	48.9	47.4	51.2
생 활 형 편	85.8	86.0	83.0	77.7	78.1	78.7	76.6	76.7	76.6

[자료 : 통계청]

위의 통계청에서 작성·발표한 "2003년 8월 소비자평가지수"를 살펴보면 6개월 전과 비교하여 현재의 경기, 생활형편 등에 대한 소비자들의 평가를 나타내는 소비자평가지수는 63.9로 전월(62.1)에 비해 높아졌음을 알 수 있다. 그리고 경기에 대한 평가지수는 51.2로 6개월 전보다 경기가 나빠졌다고 생각하는 소비자들이 줄어들어 전월(47.4)에 비해 상승하였다.

또한 현재의 생활형편에 대한 평가지수는 76.6으로 전월(76.7)
과 비슷한 수준을 나타내고 있음을 알 수 있다.

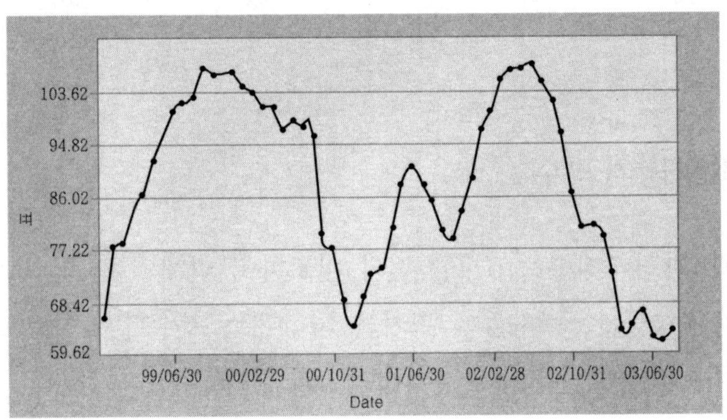

[소비자평가지수의 움직임]

경기침체, 불황의 늪

흔히들 장사가 잘 되다가(호황) 조금씩 안되더니 이제는 오랫동안 개선될 조짐도 없이 장사가 안되는 경우를 불황이라 한다. 즉 불황(不況, depression)은 경기가 심하게 꽤 오랫동안 계속 나빠지는 현상인데, 대개 경기부진이 6개월 이상 지속되면 경기침체(recession), 경기침체가 2~3년 이상 가는 상황을 보고 일컫는 말이다. 불황기에는 소비가 줄고 따라서 기업매출이 줄어들어서 경영이 악화되고 결과적으로 국민경제의 생산수준, 소득수준이 줄어드는 현상이 지속되게 된다.

그런데 경기가 침체되었다는 것을 판단하는 것은 대체로 국내총생산(GDP)이 두 분기 연속 마이너스 성장을 할때를 의미하는데, 이러한 경기침체를 예측하는 것은 쉬운 일이 아니다.

왜냐하면 두 분기 연속 성장이 위축되지 않아도 경기침체에 빠지는 것이 가능하기 때문인데, 예를 들어 한 분기에 GDP가 급격히 하락했다가 다음 분기에 다소 상승한 뒤, 세번째 분기에 다시 폭락한다면 이는 분명히 경기침체라고 보아야 할 것이다. 따라서 GDP가 두 분기 연속 미미하게 감소했다고 해서 반드시 경기침체라고 단언할 수는 없는 것이다.

또한 경기침체를 말할 때 GDP 성장률만을 따지는 경우 신흥시장, 그 예로 우리나라의 GDP는 지난 1년간 1.8% 상승했는데, 이는 유럽 기준으로 볼 때는 상당히 양호한 수준이지만 한국의 연평균 성장률이 지난 10년간 6%였음을 감안하면 이것은 경기침체로 간주돼야만 한다. 결국 한 나라 경제성장률이 장기적 잠재성장률을 크게 밑돌아 실업률 등의 상승을 야기하는 때가 경기침체로 보아야 한다.

한편 미국의 전미경제연구소(NBER)는 산업생산·고용·실질 소득·소매 판매 등 전반적인 경제활동이 수개월 간 크게 위축되는 것을 경기침체로 정의하고 있다.

지금 금리는 어떻습니까?

　가끔씩 은행 앞을 지나칠 때면 홍보지에 "주택담보대출 최저 6.5%" 등의 내용이 있는 광고문구를 볼 때가 있다. 소비자들이 주택을 담보로 하여 대출을 받을 때 이자가 6.5%로 현재 최저의 이자수준임을 강조하는 광고내용일 것이다.

　그러면 우리들이 막상 돈이 필요할 때 은행에서 일정한 금액을 빌려 쓴다고 가정해 보자. 이렇게 돈을 빌려쓰고, 빌려 쓴 돈에 대한 사용대가로 지급하는 돈, 즉, 이자는 원금과 같이 갚아야 하는 것이 상례이다.

　이처럼 기업이나 가정에서 돈이 부족하여 은행이나 다른 사람에게서 돈을 빌려야 할 때나 반대로 여유 돈을 은행에 예금을 하거나 다른 사람에게 빌려주는 경우에 빌려 주거나 빌려 쓴 대가로 이에 상응한 이자가 따라다닌다.

　결국 이자(利子)는 돈을 빌린 사람이 일정기간 동안 돈을 쓰고

난 다음 갚을 때에 당초에 빌린 원금 외에 돈을 쓴 데 대한 대가로 지급하는 금액을 말한다. 그리고 이러한 이자의 원금에 대한 비율을 이자율 또는 금리(金利)라고 한다.

그러면 금리는 그냥 일정하게 정해져 있는 것인가? 흔히들 은행에 가서 예금을 하거나 대출을 받고자 할때 "지금 금리가 어떻습니까?"라고 묻는다. 당연한 이야기처럼 들릴지 모르지만 예금자 입장에서는 높은 금리, 즉, 많은 이자를 받고 싶을 것이고, 대출자 입장에서는 낮은 금리, 즉, 싼 이자를 물고 싶기 때문일 것이다. 이처럼 당사자 입장에서는 상반된 금리에 대한 생각을 가지고 있다. 그래서 금리는 '동전의 양 닢과 같다' 고 한다.

한편 금리는 분명히 자금의 사용에 대한 대가이므로 자금의 수요와 공급의 관계에서 정해지는 것은 당연한 일이다. 자금의 공급보다 수요가 많으면 더 높은 금리를 주려고 해야 돈을 빌려 쓸 수 있기 때문에 금리는 오르게 된다.

반면 금리가 오르면 돈을 빌리는 데 드는 비용이 커지기 때문에 자금에 대한 수요는 점차 줄어드는 반면 돈을 빌려주는 데 대한 대가로 받는 이자가 많아지기 때문에 자금의 공급은 늘어나게 되어 결국 수요와 공급이 같아지게 된다.

금리도 이익을 쫓는다

금리는 수요와 공급의 관계가 적용된다고 앞서 설명했다. 금리는 한마디로 돈에 대한 이익치이다.

돈을 많이 가지고 있는 사람은 언제나 그 돈을 가지고 또 돈을 벌려고 한다. 흔히들 말하길 '돈이 돈번다' 라는 식이다. 돈이 돈을 벌기 위해서는 가지고 있는 돈을 가지고 잘 굴려야 된다. 요즈음에 제일의 관심사가 돈 버는 것이고, '재테크를 잘하는 사람이 현명한 사람이다' 라는 말처럼 돈은 분명 굴려야 한다.

그런데 돈을 굴리려고 하더라도 아무데나 굴리지는 않는다. 흔히들 말하는 수익률, 즉 일정한 금액으로 최고의 이익을 많이 가져다 주는 것에 투자하고 싶은 것이 인지상정(人之常情)이고 보면 분명히 1,000만원을 빌려주더라도 이자를 20만원 주는 사람보다 30만원 주는 사람에게 빌려주고픈 게 당연한 일이다. 물론 그 빌려주는 것에 대한 위험성에 따라 금리는 달라지게 된다.

　이는 돈을 빌려주는 사람 입장에서는 상당한 위험성을 안게
되므로 금리를 높게라도 받고 싶기 때문이다.
　금리는 이처럼 돈을 이용하고자 하는 사람이 많아지면 오르게
되고, 금리가 높아지면 돈을 쓸려는 사람이 줄어들어 돈의 공급
이 늘어나게 된다. 그래서 돈은 높은 이자를 주는 쪽으로 흘러가
게 되며, 전체적으로 생산성이나 수익성, 발전가능성이 높은 유
망한 산업부문에 많은 돈이 흘러 들어가는 것이 이 때문이다. 결
국 금리는 이익을 쫓지만 국가 경제 전체적으로 보면 돈을 보다
효율적으로 이용하게 하는 역할을 하기도 한다.

금리는 어떤 것이 있나

확정금리와 실적금리, 고정금리와 변동금리

금융상품에 적용되는 금리의 종류로서 확정금리는 가입시점부터 일정기간 동일한 금리가 적용되는 것을 말하며, 실적금리는 은행신탁, 펀드 등에 쓰이는 용어로서 금융기관이 투자자들의 돈을 모아서 그것을 투자대상에 운용하여 나타나는 실적을 결과로 하여 상품에 적용되는 금리를 말한다.

반면 고정금리란 가입시점부터 만기까지 동일한 금리가 적용되는 것을 의미하는 것으로 가입시점부터 일정한 기간동안 동일한 금리가 적용되는 확정금리와는 차이가 있다. 한편 변동금리는 가입후 만기이전에 적용되는 금리가 변동하는 것을 의미한다.

이러한 고정금리, 확정금리, 변동금리의 구분은 만기까지 동일한 금리가 적용되는지 여부에 따라 금리를 구분하지만 실제 금융기관의 금융상품에는 꼭 그렇지 않은 경우도 있다.

예를 들어 회전정기예금과 같이 가입시점에 만기까지의 수익률이 고정되지 않고 매 3개월 또는 6개월마다 적용금리가 바뀌는 경우가 있는데, 이 경우 3개월이나 6개월마다 금리가 확정되지만 만기전에 적용금리가 변동하므로, 확정금리이면서 변동금리가 적용되는 상품이라 할 수 있다. 그리고 재테크적인 측면에서 생각하면 만기전 수익률 상승액이 어느 정도 예측될 경우에는 변동금리적 상품에 투자하는 것이 유망하지만, 기타의 경우에는 고정금리적 또는 확정금리적 상품에 투자하는 것이 유익하다.

명목금리와 실질금리

명목금리(名目金利, nominal interest rate)는 흔히 말하는 금리를 의미하는데, 외부로 표현되는 금리인 셈으로 현재 1년 정기예금이 4.5%라고 하면 이를 명목금리라고 하는 것이다. 물가가 떨어질 경우 시중의 금리수준은 물가하락을 반영해 낮게 결정되어야 하지만 금리의 실제가치는 높아질 수 있기 때문이다.

반면 실질금리란 물가상승률을 감안한 이자율로 외관상의 금리인 명목금리보다 실생활에서 더욱 중요한 의미를 가지는 개념이다. 실제 벌어들인 이자가 얼마인지를 알아보려면 명목금리에서 물가상승률만큼을 빼야 한다. 이것이 바로 실질금리인데, 명목금리가 아무리 높아도 물가상승률이 높다면 실질금리는 낮아질 수밖에 없고, 그 반대의 경우도 성립되는 것이다.

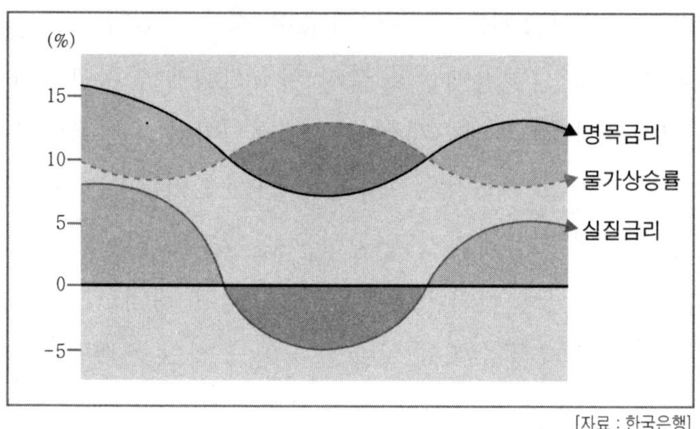

명목금리 = 실질금리 + 물가상승률

요즈음 같은 저금리시대에는 실질금리가 마이너스라고 하는 이야기가 신문지상에 자주 오르내린다. 실질금리가 마이너스라는 것은 쉽게 설명하면 시중 은행금리가 4%이고, 물가상승률 5% 이면 결국 실질금리는 마이너스 1%가 되는 것이며, 제로금리라고 하면 실질금리가 '0%' 라는 뜻이다.

따라서 금리를 따질 때는 명목금리가 아닌 실질금리를 살펴야 한다.

가산금리와 우대금리

가산금리는 고객의 신용도나 대출기간 등 여러 가지 조건에 따라 추가되는 금리를 말하며 보통 '스프레드(Spread)' 라고도 한다. 가산금리는 보통 미국 재무부 채권(TB) 금리나 리보(LIBOR, 런던은행간 금리) 등 기준금리에 얼마의 위험금리를 덧붙여 정해지게 된다. 따라서 위험이 적으면 가산금리는 낮아지고 위험이 크면 가산금리는 높아지는 특징이 있다. 그리고 가산금리가 오른다는 것은 그만큼 대출 부실 가능성이 높다는 의미를 담고 있으며, 가산금리는 개인이나 기업, 대출기간과 실적에 따라서도 각기 다른 기준이 적용된다.

반면 우대금리란 최우량 고객을 대상으로 제공되는 금리를 말한다. 원래 미국에서 1930년대 대공황 직후 은행이 손실을 입지 않는 최저 대출금을 의미했지만 요즘에는 금융기관이 신용도가 높은 우량기업에 돈을 빌려줄 때 적용하는 최우대 대출금리를 가리킨다. 기업의 신용도에 따라 차등금리를 적용할 경우 가장 낮은 금리를 나타낸다. 따라서 우대금리 이하로 대출받는 것은 불가능하다. 결국 우대금리란 은행이 대외적으로 고시하는 대표적인 금리지표이자 대출고객의 신용도에 따라 차등금리를 적용하는 기준이 된다.

따라서 은행들은 대출금리를 결정할 때 기준금리인 우대금리(Prime rate)에 가산금리(Spread)를 추가하는 방식으로 실질금리를 결정한다.

표면금리

흔히들 정기적금 통장에 표시된 이자율이 표면금리이다. 즉 원금에 대한 연간 이자수입의 비율을 나타내는 이자율을 말하는데, 1,000만원을 은행에 예치하고 연간이자금액이 50만원인 경우 표면금리는 연 5%이다. 채권의 경우 채권을 발행할 때, 발행자가 지급하기로 약속한 이자율을 말한다. 즉 채권의 액면가액에 대한 연간 이자지급률을 채권 표면에 표시한 것으로, 액면가액이 1,000만원이고 매년 50만원의 이자를 지불하기로 되어있는 회사채라면 표면금리는 5%이다.

채권의 유통수익률은 표면금리와 시장실세금리와의 차이가 있을 경우 거래단가를 조정하여 매매거래를 한다. 채권투자의 경우 표면금리에 따라 실효수익률의 차이가 날 수 있다.

단기금리와 장기금리

단기금리는 금리기간이 1년 미만의 금리를 말하는데, 콜시장금리, 단기예금금리나 단기대부 금리도 포함된다. 반면 장기금리는 기간이 1년 이상의 금리를 가리킨다. 장기금리에는 국채, 회사채, 금융채, 금융기관의 장기대출이율, 정기예금 금리 등이 있다.

한편 투자 중 재고투자는 단기금리, 설비투자는 장기금리의 영향을 크게 받는다.

실효금리

실효금리란 금융기관으로부터 융자를 받은 기업이 실질적으로 부담하는 금리를 말하는데, 약정금리에 대비된다. 기업은 금융기관에서 융자를 받을 경우 실제 차입원금에 대한 금리가 약정금리인데, 기업이 현실적으로 사실상 부담하는 것은 약정금리만은 아니다. 예를 들면 차입금액 중 얼마인가를 즉시 정기예금·적금 등 구속성이 강한 예금(일명 꺽기)으로 예금해 줄 것 등을 조건부로 하는 경우가 있다. 이 경우 기업은 실질적으로 총차입액에서 예금액을 공제한 금액을 융자받게 되지만, 부담하는 금리는 총차입액에 대한 약정금리이다. 따라서 예금분에 대한 이자를 공제한다 하더라도 실질융자액에 대한 금리의 비율은 총융자액에 대한 약정금리보다 높아지게 되며, 이를 실효금리라고 한다.

공정할인율

중앙은행이 금융기관에 대출하는 경우에 적용하는 기준금리를 말한다. 중앙은행은 시중은행으로부터 지급준비금을 받아들이기도 하고 금융기관들이 자금부족 상태에 이르면 긴급대출을 해 주는 최종대부자의 역할을 하기도 하는데, 이때 적용되는 금리인 셈이다.

공정할인율은 단순히 중앙은행의 대출금리라는 것 외에도 금융시장에서 형성되는 각종 금리의 기준이 되는 금리가 되기 때문에 중요한 의미를 가진다. 경기가 과열됐다고 판단될 경우 중앙은행은 공정할인율을 인상해 시장 금리를 끌어올림으로써 기업의 투자가 과도하게 일어나지 않도록 하며, 반대로 경기가 침체됐다고 판단되면 공정할인율을 내려 기업투자를 촉진함으로써 경기회복을 견인하는 역할을 한다.

금리를 조절하는 방법

금리는 돈의 수요와 공급에 따라 결정된다. 일반적으로 돈은 높은 금리를 주는 수요처를 찾아 움직이게 되는데, 시중에 많은 돈이 넘쳐 흐르면 수요자가 적기 때문에 낮은 금리라도 돈을 빌려주려 할 것이고, 수요자 입장에서는 보다 싼 이자를 주는 사람들에게 돈을 빌리려 한다. 반대로 시중에 쓸 돈이 적으면 앞다퉈 높은 이자를 주고서라도 돈을 빌리려 할 것이다. 그런데 이러한 현상들이 실제 경제생활에서 아무런 문제가 없이 잘 굴러가면 별 문제가 없다.

하지만 시중에 너무나 많은 돈이 넘쳐 초저금리 상태가 이루어지거나 아니면 자금시장이 경색되었다고 말하듯 시중에 돈이 꽁꽁 얼어붙어 버린 경우라면 실제 돈을 필요로 하는 수요자, 신규 투자를 준비하거나 사업에 필요한 긴급자금을 얻고자 하는 기업, 가계에서 생활자금으로 필요한 경우에는 황당하기 그지없는 일인데, 이러한 현상이 더욱 심해지면 제일 높은 금리라도 주고 빌리려 하는 현상까지도 갈 수 있다.

이처럼 기업이나 가계 등 나라 경제에 있어 금리는 너무 낮거나 너무 높지 않도록 어느 정도는 적절히 조절해 주는 것이 필요하다.

자금수요가 많은 연말연시나 추석, 설 명절에 앞서서 신문기사에 단골처럼 등장하는 뉴스가 "한국은행에서 설(추석) 자금을 방출한다"인데, 바로 이러한 방법을 통해 갑작스럽게 많은 돈이 필요로 할 때 나라의 중앙은행인 한국은행에서 이 업무를 맡아 돈의 공급량을 늘리게 된다. 그러면 이렇게 시중에 갑작스럽게 많은 돈을 풀어주게 되면 결국 그 돈들은 누군가의 손에서 있거나 금융기관에 재예입되거나 하여 시중에 떠돌고 있고 금융시장 전체로 볼 때 단기적으로 돈의 유동성이 풍부해진 것인데, 이럴 때는 은행을 통해 다시 풀러간 돈을 흡수하는 과정을 통해 금융

한은, 3일물 RP 3조원 매각....단기 현금통화 흡수

한국은행은 15일 3일물짜리 RP(환매채) 3조원 매각을 통해서 시장의 단기유동성을 흡수하기로 했다.

한은 관계자는 "추석자금으로 풀러나갔던 현금통화가 은행으로 예치됨에 따라서 이를 흡수하는 차원에서 RP매각을 실시하는 것"이라고 설명했다.

그는 "단기적으로 유동성이 흡수될 경우 당분간 자금시장의 유동성 잉여는 크게 줄어들 것"으로 내다봤다.

한편 이날 RP매각은 오전 10시 30분부터 10분간 실시된다. 한국은행은 15일 3일물짜리 RP(환매채) 3조원 매각을 통해서 시장의 단기유동성을 흡수하기로 했다.

[자료 : 연합인포맥스, 2003년 9월 15일]

시장에 대한 돈의 공급량을 조절하거나 은행의 자금조달비용에 영향을 미침으로써 간접적인 방법을 통하여 금리를 알맞은 수준으로 조절하고 있다.

그러면 한국은행은 구체적으로 어떤 방법으로 통해 시중의 금리를 조절하는지 알아보자.

우선 첫째로 한국은행은 통화안정증권의 발행, 상환을 통해 금융기관의 자금을 흡수하거나 공급함으로써 금융시장의 자금사정에 영향을 준다. 다시 말해 시중 유동성이 지나치게 풍부해 콜금리가 한국은행의 목표수준에 크게 못 미치게 되면 통화안정증권을 발행해 시중 자금을 흡수한다. 반대로 콜금리가 한국은행의 목표수준을 크게 넘을 정도로 시중 자금이 부족해지면 한국은행은 금융기관이 보유한 통안증권을 매입하면서 자금을 공급한다.

둘째로, 한국은행이 시중 유동성을 조절하는 공개시장조작 수단은 통화안정증권 이외에 환매조건부 증권매매(RP매매)도 있는

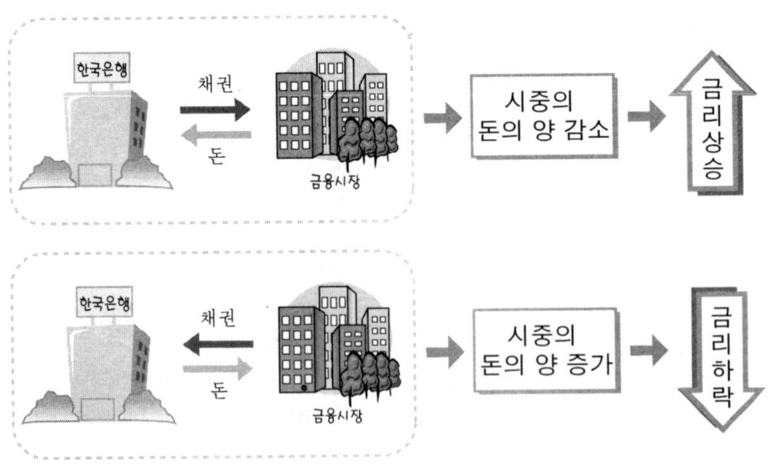

데[신문기사 119p참조], RP매매는 단기유동성을 조절하기 위해 이용되고 통화안정증권은 장기유동성을 조절하기 위해 이용된다.

한국은행은 경상수지 흑자 또는 외국인 투자자금 유입 등으로 시중의 유동성이 계속 증가하여 이를 구조적으로 억제할 필요가 있을 경우 통화안정증권을 순발행해서 남는 유동성을 흡수하게 된다.

그러나 경상수지 적자나 외국인 자금 유출로 유동성이 감소하면 통화안정증권의 순상환으로 유동성을 공급하게 되는 것이다.

금리는 저축과 투자활동에 영향을 준다

　금리는 기업이나 가계에 있어서는 상당히 많은 영향을 준다. 우선 금리가 높아지면 가계에서는 가능하면 많은 이자를 받을 수 있기 때문에 금융기관에 여유 돈을 예치하여 돈을 불리려고 한다. 뿐만 아니라 높은 금리가 유지된다면 웬만하면 많은 이자를 주고 돈을 빌려 쓰려 하지 않는다. 결국 금리가 올라가면 돈을 마구 써버리기보다는 장래를 위해 저축하는 쪽으로 방향을 돌리게 되므로 소비수요가 점점 줄어들게 되며, 소비수요의 감소는 이내 물가하락으로 이어지게 된다.

　그리고 기업의 경우 금리가 올라가게 되면 기존보다 더 많은 금융비용을 부담하고 생산활동을 위한 새로운 시설투자는 가급적 줄이게 된다. 더욱이 차입금에 상응하는 이자부담보다도 투자에 따른 수익이 나지 않으면 신규투자는 자연스레 억제되며, 가능하면 현재상태이거나 아니면 생산 규모를 축소하므로서 기업

본연의 이익추구를 하려 한다.

이처럼 가계로부터의 저축이 늘어나고, 신규 자금수요가 줄어들며, 기업이 생산활동을 위한 추가적인 자금 수요가 줄어들므로서 올라가던 금리는 점점 낮아지기 시작한다.

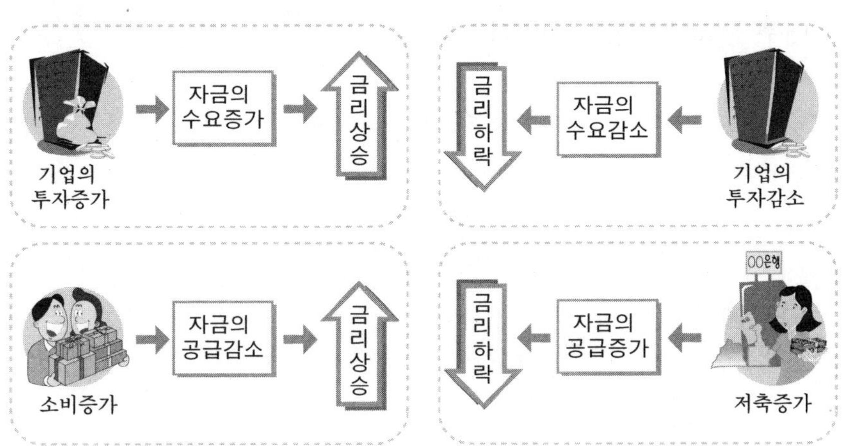

반대로 금리가 낮아지면 가계에서는 저축보다 그동안 지출을 억제하였던 각종 소비활동에 적극 나서게 되고, 이에 따라 저축률은 낮아지고, 기존에 축소되었던 기업의 생산활동은 더욱 왕성해지기 시작하며, 소비수요에 맞추기 위해 추가적인 생산을 위해 신규 시설의 증설을 하게 되고, 이에 필요한 자금의 수요가 점점 많아지게 된다. 즉 금리는 기업이 투자에 필요한 자금을 조달하는데 드는 비용이라고 할 수 있기 때문에 금리가 낮아지면 투자는 늘어나게 된다.

경기 전망이 좋아져 기업의 투자가 늘어나게 되면 자금의 수

요가 늘어나는데 이 경우 자금의 공급이 뒤따르지 못하면 금리가
오르게 된다.

한편 자금의 공급은 주로 가계에 의해 이루어지기 때문에 가
계의 소득 수준이 낮아지거나 소비가 늘면 자금의 공급이 줄어
들어 금리가 오르게 된다. 이처럼 금리는 저축이나 투자활동에
매우 중요한 영향을 미친다.

경기에 따라 금리가 오르내린다

일반적으로 경기와 금리와의 관계를 간단하게 표현하면 경기
가 상승하면 금리가 상승하고, 경기가 하강하면 금리가 낮아진다
는 것이다. 타이밍에 다소 차이가 있지만 기본적으로 경기와 금
리의 순환은 일치한다고 볼 수 있다.

우선 경기가 좋아지면 기업은 생산활동이 왕성해지고, 공장
증설이나 신규 사업에 필요한 자금수요가 생기게 되며, 임금이나
수입이 늘어나면서 보다 많은 지출과 소비를 하게 되는 개인도
역시 자금수요가 늘어나게 되어 점차적으로 금리가 상승하게 된
다. 이렇게 금리가 계속적으로 오르게 되면 기업은 생산원가나
금융비용을 추가적으로 부담해야 하므로 결과적으로 기업의 생
산활동의 위축을 가져오게 된다.

개인 역시도 경기가 좋을 때는 저축보다는 소비활동에 주력하
였지만 물가가 오르고, 금리가 높은 상태에서는 보다 많은 지출

을 할 수가 없을 뿐만 아니라, 높아진 금리에 따라 이자부담이 커지니까 대출금을 줄이거나 신규 대출을 하지 않으려고 한다. 따라서 기업도 투자가 줄어들고 개인들도 소비가 감소하여 인플레이션 압력이 완화된다.

이렇게 경기가 상승하면서 금리가 오르는 것은 은행의 저축을 늘리고 기업의 투자 및 소비를 감소시켜, 물가상승 압력을 해소하고 경기상승을 둔화시키는 효과를 가져온다.

한편 경기가 하강하므로서 개인이나 기업 모두 자금수요가 줄어들고 이에 따라 금리가 내리면 기업의 경우 금융비용이 줄어들게 되고, 생산원가 역시도 절감되어 생산력 확대를 통해 추가적인 이윤을 추구하려고 하므로 신규 자금을 차입하는 등의 투자활동이 살아나게 된다. 개인의 소비도 역시 증가함으로써 물가상승 압력이 강화되고 경기가 상승하는 효과를 가져온다.

금리를 낮추면 경기가 살아난다?

앞서 경기와 금리는 같이 움직인다고 설명하였다. 일반적으로 금리를 낮추게 되면 소비심리가 살아나고, 기업의 투자활동이 왕성해져 침체해진 경기를 부양하는 효과가 있다. 그래서 정책당국은 경기부양책의 일환으로 "금리인하"를 자주 사용하곤 한다. 경기부양책의 일환으로 이용되는 금리인하가 실제 경제환경에서 어떻게 경기회복을 가져올까?

우선 금리가 낮아지면 먼저 금융부문에 그리고 실물부문에 영향을 미치게 되는데, 금리가 인하되면 금융시장은 보다 안정되고 위험이 크게 줄어드는 경향이 있다. 금리가 한단계 낮아지면서 기업의 금융비용 부담이 그만큼 줄어들거나 자금조달이 보다 원활해지게 된다. 따라서 위기상황에 직면한 기업이 부도로 내몰릴 가능성은 다소 낮아지게 되고 회생의 시간을 벌게 된다.

또한 실물부문에서는 금리가 낮아짐으로 인해 기업과 소비자가 투자활동이나 소비활동을 위해 필요한 자금을 보다 손쉽게 조달할 수 있게 된다. 이처럼 금리인하를 통해 부진한 소비활동의 진작과 더불어 기업의 투자증가를 기대할 수 있는데, 기업이 투자를 결정하는 데 중요한 요소가 투자비용과 투자수익률이기 때문이다. 즉 기업이 외부자금을 조달해 투자를 하고 여기서 얻어질 것으로 예상되는 수익률이 최소한 비용보다는 커야 투자를 결정하게 된다.

침체 경제 되살리기, 각국 금리인하 경쟁

침체의 늪에 빠진 경제를 되살리기 위한 세계 각국의 금리인하가 봇물을 이루고 있다.

13일 한국은행에 따르면 올 들어 세계적인 금리 인하 추세가 지속되고 있고, 6월 이후에만 16개국 중앙은행이 정책금리를 내렸다. 선진국의 경우 유럽중앙은행(ECB)이 지난 달 5일 정책금리를 0.50%p 내렸고, 이어 미국(-0.25%p), 노르웨이(-1%p), 뉴질랜드(-0.25%p)가 금리 인하를 단행했다. 이 달 들어서도 스웨덴(-0.25%p)과 영국(-0.25%p)이 금리 인하 대열에 합류했다.

아시아에서는 6월25일 대만(-0.25%p)을 필두로 홍콩(-0.25%p), 태국(-0.5%p)이 금리를 내렸고, 이 달 들어서는 필리핀(-0.25%p), 한국(-0.25%p), 인도네시아(-0.75%p)가 보조를 맞췄다. 중남미에서는 브라질(-0.5%p)이, 동유럽에서는 폴란드(-0.25%p), 체코(-0.25%p)가, 아프리카에서는 남아프리카공화국(-1.5%p)이 금리를 내렸다.

한국은행은 "세계 각국의 금리인하가 빠르게 확산되고 있는 것은 주요국의 물가가 현저히 안정된 가운데 이라크전 이후에도 경기 부진이 지속되고 있기 때문"이라고 설명하고, 하반기에도 세계 경기 회복이 완만하게 진행될 것으로 전망됨에 따라 금리인하 추세가 이어질 것으로 예상했다.

[자료 : 디지털타임즈, 2003년 7월 14일]

이처럼 중앙은행의 정책금리 인하의 효과는 장·단기금리의 하락, 환율 절하, 주가 상승의 3가지 경로를 통해 경기회복에 기여하는 것으로 알려져 있다. 1차적으로는 금리·환율·주가 등 금융변수로 파급되고, 2차적으로 투자·소비·수출입 등 실물변수로 파급되어 전체적으로 경제활동이 살아나게 된다.

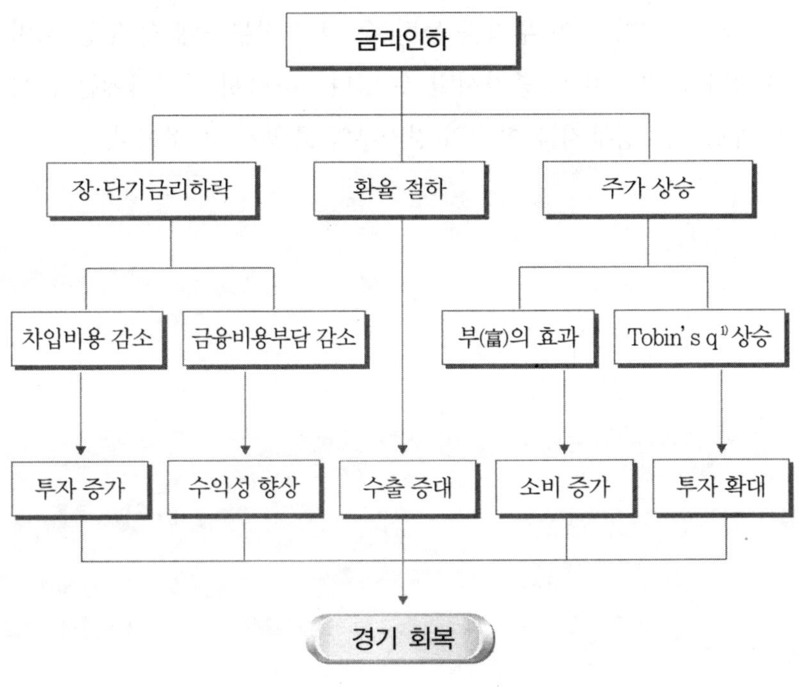

[금리인하의 파급효과]

1) (기업의 시장가치/자본대체비용)으로서 주가가 상승하면 투자비용이 그 기업의 가치에 비해 저렴해지므로 (Tobin's q 상승) 신규투자가 이루어짐

하지만 불경기시 금리인하는 정부지출 증대 등과 같은 재정정

책보다 경기부양 효과가 적다. 즉 불경기엔 미래 경제가 불투명하기 때문에 금리가 낮아도 기업들이 적극적으로 투자를 늘리기 어렵고 소비자들도 소득이 줄어들어 소비, 지출을 증가시키기 어렵기 때문이다. 이의 예는 초저금리 상태인 최근의 국내 경제상황을 되돌아보면 쉽게 이해할 수 있다. 그러나 정부지출 증대 등과 같은 재정정책은 정부가 직접 사회간접자본 투자 등과 같이 투자의 주체가 되어 투자를 늘릴 수 있고 정부구매 확대 등 소비 주체가 되어 소비도 증가시킬 수 있다. 따라서 불경기에는 금리 인하보다는 정부지출 확대의 경기부양 효과가 큰 것이다.

돈이 거래되는 시장, 금융시장

금융시장은 자금의 수요와 공급에 따라 이루어지는 일정한 금리에 의해 거래되는 자금이 거래되는 시장을 말하는 것으로 돈을 사고 파는 시장이다.

금융시장은 분류방법에 따라서 직접금융시장과 간접금융시장, 단기금융시장과 장기금융시장, 국내금융시장과 국제금융시장 등으로 나눈다.

직접금융시장과 간접금융시장

금융거래에 있어 직접과 간접의 의미는 자금거래가 수요자와 공급자인 양당사자 사이에서 직접거래가 이루어 지느냐, 아니면 중개과정을 거쳐 거래되느냐에 따른 구분이다. 즉 자금의 중개방법에 따른 분류로 직접금융시장은 자금공급자가 자금수요자에게 직접 제공하는 것이며, 간접금융시장은 은행과 금융중개기관을 통하여 자금이 중개되어 제공하는 것이다. 예를 들어 기업이 자금이 필요해 주주로부터 직접 자금을 조달하는 경우가 직접금융시장이며, 반면 은행과 같은 금융기관을 통해 거래가 이뤄지는 시장을 간접금융시장이라고 한다

단기금융시장과 장기금융시장

금융자산의 만기가 1년 미만을 단기금융시장이라고 하고, 그 이상을 장기금융시장이라 한다. 단기금융시장은 콜(call)시장, 재정증권시장, 어음시장, 환매채 시장 등으로 분류되고 장기금융시장은 주식시장과 채권시장으로 분류된다.

일반적으로 단기금융시장을 화폐시장, 장기금융시장을 자본시장이라고 한다.

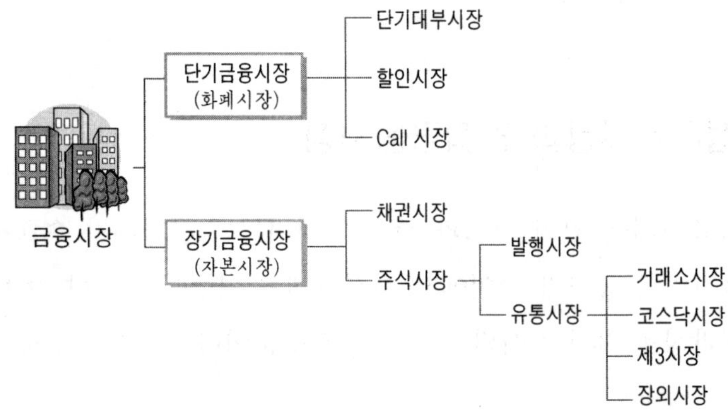

국내금융시장과 국제금융시장

　국내금융시장은 자금의 조달과 운용이 국내의 서로 다른 경제 주체들간 거래되는 시장을 말하는데 장기금융시장과 단기금융시장으로 분류된다. 반면 국제금융시장은 국가간 이루어지는 자금의 조달과 운용, 즉, 국제무역에 따르는 자금거래, 국제적 장단기 자금의 대차, 해외직접투자 등과 관련한 국제금융이 거래되는 시장이다.

금융시장과 금리

금융시장에서는 금리에 의해 돈의 거래가 이루어진다. 특히 자본시장은 기업의 설비자금, 정부 및 지방자치단체의 사업자금 등 장기자금이 조달되는 시장으로서 실물경제에 있어서 그 비중이 큰데, 금리의 변화에 따라 금융시장에 영향을 준다.

채권시장

금리는 채권시장에서 채권가격에 직접 영향을 미친다. 이때 채권가격과 금리는 서로 반대 방향으로 작용하는데, 금리가 상승하면 채권가치는 하락하고, 이자율이 하락하면 채권가격은 상승한다. 즉 경기가 상승할 때는 시중에 자금수요가 증가하고, 이에 따라 금리가 상승하며, 채권가격은 하락한다.

반면 경기가 나빠질 때는 자금수요는 감소하고, 금리 하락, 채권가격의 상승으로 이어진다.

주식시장

경기가 악화되면 기업들의 이윤이 감소하고 주식가격이 하락하며, 경기가 호전되면 기업이윤이 증대되어 주식가격은 상승한다. 인플레이션이 발생하면 기업이윤과 배당금의 실제가치가 하락하기 때문에 주식가격이 하락한다. 금리하락은 주가를 상승시키고 반대로 금리상승은 주가를 내리게 한다.

환율

환율도 한 나라의 경기동향, 인플레이션 및 금리에 영향을 받는다. 이중에서도 환율변동에 많은 영향을 미치는 것이 금리변동인데, 투자가들이 각국간의 금리차를 기준으로 더 많은 투자수익률을 얻을 수 있는 국가로 자금을 이동시키면서 통화의 수급관계에 영향을 미치기 때문이다.

자금부족으로 인한 도산과 파산

　흔히들 말하는 자금은 한마디로 돈이다. 돈이란 개인의 생활이나 기업의 경영활동에 있어 중요한 원천이 된다. 그런데 자금이 원활하지 않으면 생활상이나 거래관계에서 어려움을 겪게 된다. 최근 들어 신용불량자들이 큰 사회문제로 대두되거나 지난 IMF시절 많은 기업들이 문을 닫게 된 경우도 결국 자금, 즉 돈과 결부된 일이라 할 수 있다. 이러한 돈의 문제로 인해 가계나 기업에 있어 심각하게 야기되는 경우가 바로 파산과 도산이다.

　파산 또는 도산은 자금조달이 어려워졌을 때 채무자에게 채무를 변제하지 못함으로써 개인에게 있어서는 파산이라는 말을, 회사에 있어서는 도산이라는 말을 사용한다. 도산은 재정적 파탄으로 실제 사업활동을 하지 않고 완전히 망한 것을 의미한다.

　하지만 기업의 경우 도산을 하는 것은 결국 부도와 결부된다. 부도는 어음이나 당좌수표를 제때 갚지 못하는 것을 말하는데,

부도가 나면 신용을 잃게 되고 은행과 거래도 못하게 되어 도산할 가능성이 높기 때문이다. 물론 부도가 난다고 곧 기업이 망하거나 없어지는 것은 아니지만 그만큼의 개연성이 높다. 이러한 부도를 맞게 되고 결국 기업이 도산으로 이어지게 하는 원인은 경기부진, 외상매출대금 회수 부진, 과다한 시설투자에 의한 자금경색, 경기예측 잘못으로 인한 재고과잉, 원가와 임금 상승, 수익감소로 인한 손실누적 등과 같은 요인뿐만 아니라 경영자의 무능력, 노사관계 악화 등에도 있다.

한편 개인의 경우 파산은 소비자파산이라는 용어를 사용하고 있다. 파산은 소비자가 더 이상 채무를 지급할 수 없는 지급불능상태를 말하는 것인데, 엄밀한 의미에서는 채무자가 과도한 부채를 지고 더 이상 변제를 할 수 없는 경우로서 '모든 채무에 대하여' 변제를 할 수 없는 상황이 '앞으로도 계속될 경우' 이다. 즉 본인의 능력으로는 지금은 물론이고 앞으로도 도저히 빚을 갚을 희망이 없는 경우로서 자신의 수입에 비하여 과도하게 지출을 하거나, 신용카드 과다 사용, 주식투자나 도박으로 또는 보증을 잘못 서서 지급불능상태에 빠지는 상태이다.

이러한 채무자는 특히 대다수 남은 재산이나 소득이 별로 없어 채무변제가 어려운 데 반하여 채권자의 집요한 독촉에 시달리고 있고, 이러한 과정에서 커다란 사회문제가 발생되고 있는 게 현실이다.

그리고 개인워크아웃 즉, '개인신용회복지원제도' 라는 것이 있는데, 개인파산과는 달라 최저생계비 이상의 수입이 있거나 최저생계비 미만의 소득이 있는 경우라도 심의위원회가 채무상환이 가능하다고 인정하는 채무자로서 사회에서 도움을 받아 빚을 정리할 수 있도록 한 제도이다. 이 제도는 파산에 이르게 된 채무자를 구제하는 한 방법으로 개인 및 개인사업자 중 협약 등에서 규정하는 일정 요건을 갖춘 채무자를 대상으로 상환기간의 연장, 분할상환, 이자율 조정, 변제기 유예, 채무감면 등의 채무조정 수단을 통해 경제적으로 재기할 수 있도록 지원하는 금융기관 공동의 업무를 말한다.

기업의 도산은 폐업과 청산이라는 법률적 절차를 거치게 된다. 개인의 경우 소비자파산절차는 일반적 파산절차와는 달리 채권자가 파산신청을 하는 경우가 드물고 대부분 채무자 신청에 의하여 개시되는데, 채무자의 재산이 거의 없어 이를 금전으로 환가 하여도 파산절차의 비용에도 충당할 수 없으므로, 법원은 파산관재인을 선임함이 없이 파산선고와 동시에 파산절차를 종료시키는 동시폐지결정을 하고, 채무자의 재산을 관리하거나 금전으로 환가하여 배당하는 절차는 행하여지지 않는다.

신용을 바탕으로 한 어음

지급시기를 연기시키기 위한 어음

어음이란 무엇일까? 일반적으로 어음이란 상품이나 기타 물품 등을 구입하고서 그 대금을 현금으로 결제하지 아니하고 이의 결제를 일정한 기일까지 연기하고자 하는 경우에 사용되어지는 "어음"이라고 쓰여진 종이를 말한다.

즉 일정한 금액을 지급할 책임이 있는 사람이 그 금액을 지급할 상대방에게 일정한 기일에 그 금액을 지급할 것을 약속하는 증권을 의미한다. 따라서 이 어음을 이용하여 거래대금의 결제는 이루어지는 것이고 단지 실제의 현금결제를 장래로 미루는 효과를 가져오게 한다.

어음은 이렇게 구분된다

어음은 법률상으로는 약속어음과 환어음으로 분류되어지고, 그 성격에 따라 상품이나 기타 물품 등의 구매와 관련하여 발행하는 상업어음과 단순히 기업의 자금조달을 위하여 발행하는 융통어음으로 구분할 수 있다.

상업어음

상업어음은 일반적인 상거래에서 거래 상대방에게 지불수단으로 발행하는 어음으로서 진성어음이라고도 한다. 즉 일반적 상거래와 관련하여 발행되는 어음을 말한다.

융통어음

융통어음은 실제로는 상거래가 없었는 데도 기업이 자금을 조달할 목적으로 발행하는 어음을 말한다. 즉 상호간에 상거래는 이루어지지 않았으나 자금의 융통을 위해 자신의 신용에 의하여 상호간에 관계가 있는 사람을 대상으로 서로간의 합의에 의하여 발행되어지는 어음이다. 따라서 이는 부도의 확률이 높으므로 받는 사람의 입장에서는 융통어음을 받지 않도록 하여야 겠으며, 발행자는 이를 비밀로 하는 것이 좋다.

양자간의 지급약속인 약속어음

약속어음이란?

약속어음이란 어음 발행인이 만기에 일정한 금액을 수취인 또는 그 지시인에게 지급할 것을 무조건적으로 약속하는 지급약속증권이다. 따라서 약속어음은 약속한 금액을 지급기일에 지급하지 않는 경우에는 그 발행인에 대하여 당좌거래정지처분이라는 직접적인 규제가 가해져 기업의 운영에 상당한 타격을 받게 되므로 확실히 지급을 하지 않으면 안된다.

일반적으로 국내의 상거래에서는 거의 대부분이 약속어음으로 사용되고 있기 때문에 통상 어음이라고 하면 약속어음이라고 해도 좋을 것이다.

현금의 대용으로서의 약속어음

상품구입 대금을 모두 현금으로 지급한다면 무수히 발생하는 거래에 있어서 그 불편함이란 이루 말할 수 없을 것이다.

항상 현금을 준비하고 다녀야 하며, 시간적, 공간적으로 경제활동을 적시에 수행하는데에 있어 그 불편함은 더욱 클 것이다. 따라서 물품대금으로 어음을 교부하고서 지급기일에 그 수취인의 제시에 따라 현금을 준비하면 되므로 경제활동의 편리성을 극대화할 수 있는 것이다.

약속어음은 자금의 활용에 용이하다

개개인의 일반적인 상거래에서는 상품을 구입하고서 현금으로 그 대금을 지급하지만, 기업의 사업상 거래에 있어서는 현금결재의 경우보다 지급기일을 연기할 수 있는 약속어음의 발행이 더욱 선호되고 있는 것이 현실이다. 이는 약속어음의 경우 어음을 발행한 기업의 입장에서는 지급기일까지 그 대금을 준비하지 않아도 만기일까지는 자금의 융통을 원활히 할 수 있고, 반대로 어음을 지급받은 기업의 입장에서도 이를 즉시 할인 등의 방법을 통하여 현금화할 수 있다는 장점을 가지고 있다.

약속어음은 권리이전이 편리하다

약속어음은 발행인이 수취인 또는 정당한 소지인에게 일정한 기일에 일정한 금액을 지급할 것을 약속하는 유가증권이다. 따라서 수취인은 지급기일에 어음을 은행에 제시하고 그 금액을 지급받으면 되며, 필요시 다른 사람에게 어음에 배서하여 건네주면 되므로 매우 편리하게 권리이전이 된다.

그런데 차용증(지불각서)은 돈을 빌렸다는 증서에 불가한 것이고 돈을 빌린 사람이 그 사실을 인정하지 않는 경우에는 돈을 빌려준 사실을 증명하지 않으면 지급받기가 곤란해진다.

더구나 차용증은 다른 사람에게 그 청구권리를 양도하기 위해서는 그 권리의 양도 사실을 내용증명우편으로 보내야 하는 번거로움이 있다.

약속어음은 담보수단으로 이용된다

약속어음은 채권담보를 위하여 담보수단으로 활용되어진다. 즉 금전소비대차에 있어서 차용증을 대신하여 돈을 빌려 주는 사람(대주)이 돈을 빌리는 사람(차주)에게 변제기일을 지급일로 하는 약속어음을 발행하도록 하는 경우를 말하는 것으로 이를 어음대부라 한다.

또한 은행에서 상업어음을 담보로 하여 어음대부를 하는 경우도 있으며, 당좌대월계약이나 고용계약 등에 의하여 장래에 발생할지도 모르는 채무의 이행을 담보하기 위하여 어음을 받아두는 경우도 있다.

약속어음의 교환은 이렇게 한다

　받을어음을 교환하기 위해서는 거래은행에 어음을 제시하고 교환을 의뢰하여야 한다. 그러면 거래은행은 어음교환소를 통해서 그 어음을 지급은행에 제시하면 지급은행은 그 어음을 교환하여 지급금액을 결제하여 준다. 즉 어음 발행인의 당좌예금계좌에서 지급되는 것으로 이를 현금으로 바꾸어 수취인에게 지급하여 주는 것이다.

　그런데 받을어음을 지급기일에 잊지 않고 교환하기 위해서 당좌예금계좌나 보통예금계좌가 있는 거래 은행에 사전에 약속어음을 건네주면 지급기일에 교환해 주는 보관어음제도를 이용하

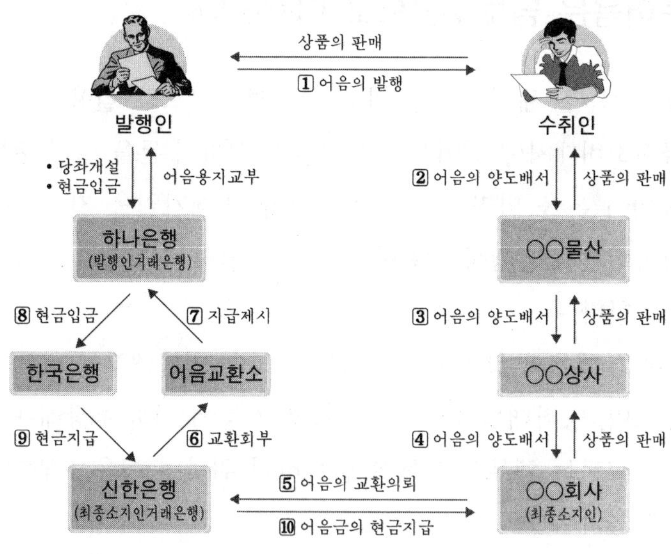

[약속어음의 발행·교환·지급의 흐름]

면 어음 보관상의 위험 부담을 해소하고 편리하게 어음교환을 할
수 있다. 또한 어음의 교환은 발행때와는 달리 당좌예금계좌가
없어도 보통예금계좌만 있으면 가능하다.

삼자간의 지급의뢰, 환어음

환어음이란 ?

환어음은 발행인, 수취인, 지급인(지명인) 세사람의 관계로 발행인이 지급인(지명인) 앞으로 대금의 지급을 의뢰하는 형식을 취한다. 즉 환어음은 발행인이 어음을 작성하여 수취인에게 주어 수취인으로 하여금 지급인(지명인)으로부터 어음금액을 받을 수 있도록 한 것이다. 그러나 여기서 주의할 것은 환어음은 지급인이 그 어음금액을 지급하겠다는 것을 나타내는 인수의 절차가 있어야지만 지급인이 주채무자가 되는 것이지 인수 제시가 없으면 주채무자가 되는 것은 아니다.

그리고 환어음은 발행인이 지급인(지명인)에게 무조건적으로 어음금액을 수취인에게 지급할 것을 위탁하는 증권이기 때문에 지급인(지명인)이 어음금을 인수한 경우 우선적으로 지급인이 어음금의 일차적인 지급의무자가 되는 것이다. 그러나 지급인이 어음금을 지급하지 않거나 어음의 인수를 거절하는 경우에는 그 어음의 발행인이 지급의무자가 되는 것이다. 따라서 약속어음의 경우처럼 발행인은 배서인과 같은 책임이 있다고 볼 수 있다.

환어음은 어떻게 사용되나

환어음의 사용은 주로 무역어음용이며, 내국신용장에 의해 상품공급대금을 추심하기 위하여 발행하는 내국신용장용 환어음과 대외무역대전추심을 위해 발행하는 수출환어음이 대부분이다. 실제로 국내 상거래에서 활용되고 있는 어음은 거의 대부분이 약속어음이고, 환어음으로 사용되고 있는 경우도 본래적인 환어음의 사용방법이 약속어음처럼 변형되어 사용되는 경우가 많다.

환어음의 일반적인 사용예는 다음과 같다.

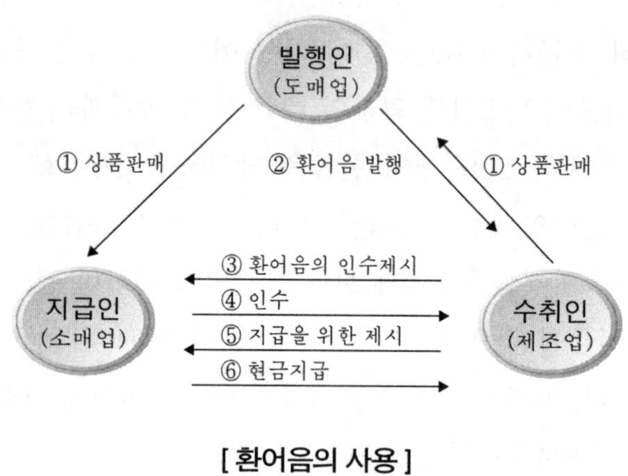

[환어음의 사용]

환어음을 이용한 지급거래와 신용거래

A가 B에게 어음으로 매매대금을 지급하는 경우와 A가 어음을 담보로 하여 B로부터 금전을 차용하는 경우에 사용되어지는 것이 약속어음이지만, 지급인 C의 신용을 이용하려고 하는 경우에는 환어음을 사용한다. 최근에는 인지세의 부담을 발행인에게 전가하기 위하여 백지인수로 환어음을 발행하는 경향이 많아지고 있다.

C가 환어음을 인수하면 C는 주된 채무자로서 지급의무를 부담하게 되고 A는 C가 인수와 지급을 거절한 경우에 한하여 어음금을 상환할 담보책임을 진다. 지급인 C는 원래 A에 대하여 어떤 지급채무가 있어서 인수를 하는 경우도 있고, A가 자금을 제공하고 C에게 지급을 위탁하는 경우에 이용된다.

환어음은 주로 송금거래에 이용된다

환어음의 이용에 있어서 가장 중요한 것은 국제적인 송금거래이며 특히 하환거래(荷換去來)에 많이 이용된다. 예를 들면 뉴욕의 K가 서울의 Y에게 무역상의 대금 등을 송금하려 한다. 그러면 먼저 뉴욕의 OO은행에 현금을 납입하고 OO은행 서울지점 또는 거래은행인 X를 지급인으로 하는 환어음(송금환)을 발행해서 받고, 이 환어음을 Y에게 보내는 방법이 취하면 된다. 또한 Y가 빨리 현금이 필요한 때에는 하환취결(荷換取結)[1]의 방법을 이용하면 된다. 따라서 환어음은 국제무역에 있어서 불가결한 결제방법으로서 매우 중요한 것이다.

[약속어음과 환어음의 비교]

구 분	약 속 어 음	환 어 음
표 시 문 자	약속어음 표시문자	환어음 표시문자
기 재 인 명 수	발행인·수취인 (당사자 2인)	발행인·수취인·지급인 (당사자 3인)
인 수 절 차	인수제시 필요없음 (즉 발행인 = 지급인)	인수제시 필요
기 재 문 구	지급의 무조건 약속	지급의 무조건 위탁
만 기 표 시 방 법	주로 확정일 출급	일람출급·일람후정기 출납·일자후정기출급 ·확정일출급

1) 하환이란 매수인을 지급인으로 하는 매도인 발행의 자기지시 환어음에 운송증권을 첨부하여 은행에서 할인해 받는 방법을 말한다. 예를 들면 원격지에 있는 매수인 A 앞으로 상품을 보내는 동시에 현금이 필요한 경우에는 매도인 B는 자기를 수취인으로 하고 A를 지급인으로 하는 자기지시의 환어음을 발행하여 이것을 운송상품에 관한 운송증권(선하증권이나 화물상환증)을 담보로서 첨부하여 ○○은행에서 할인해 받으면 즉시 현금을 지급받은 것과 똑같은 결과가 된다. 이와 같은 방법을 하환(荷換)의 취결(取結)이라고 한다.

하환어음을 할인한 ○○은행은 어음과 운송증권을 매수인의 소재지의 지점이나 또는 거래가 있는 △△은행에 보내고, 어음을 A에게 제시하여 A가 지급을 하면 상환(相換)으로 운송증권을 인도하기로 되어 있으므로 『상품을 받지 않으면 대금을 지급하지 않는다』고 하는 관계(동시이행)도 실현될 수 있다. 경우에 따라서는 A가 인수를 한 것만으로 운송증권을 인도하는 방법이 있다. 만약 A가 어음금을 지급하지 않으면 ○○은행은 B에 대하여 소구를 하든가 운송증권으로 상품을 처분하여 그 대가에서 만족을 얻을 수 있다.

디지털시대,
전자어음과 전자결제

그동안 기업간의 거래활동에서 약속어음은 당좌수표와 함께 중요한 상거래 지불수단이었다. 특히 소액의 결제에 있어서는 현금을 선호하지만 고액의 지불결제수단으로는 역시 약속어음이나 당좌수표를 사용하곤 한다. 그런데 요즈음 들어 약속어음의 사용이 대기업을 중심으로 점차적으로 줄어들고 있다.

지난 IMF 경제위기의 과정에서 어음부도의 급증과 함께 중소기업의 연쇄도산이 사회 문제화되면서부터 "약속어음을 없애자"라는 이야기가 나온 적이 있다. 특히 약속어음은 중소기업의 금융부담과 자금난을 가중시키며, 연쇄부도를 유발할 뿐만 아니라 건전한 금융질서를 파괴하는 주범으로 인식되면서 어음제도를 폐지하자는 의견이 분분하였다.

그런데 인터넷의 사용확산, IT인프라 확충, 전자상거래의 활성화 및 전자결제제도의 도입과 더불어 실물에서 유통되는 약속어음을 전자어음으로 바꾸자는 견해가 제시되고 있다. 특히 전자어음제도의 도입으로 기대되는 효과로서는 여러 가지를 생각할 수 있지만,

① 실물어음의 발행 및 관리에 따르는 시간적·경제적 제반비용의 절감
② 어음유통과정의 전자화로 인한 자금이동 및 출자관계의 투명성 제고
③ 어음실물의 부존재로 인한 화재·도난 등의 어음사고로부터 안전
④ 어음거래의 실명화와 이로 인한 음성적 거래차단을 통한 건전한 금융시장 육성
⑤ 지역적·시간적 무제약에 따른 어음결제의 신속화와 그로 인한 고객에 대한 편리성 제고[2] 등이 대표적인 예라고 할 수 있을 것이다.

하지만 전자어음은 종이어음의 유통상 문제점을 시정한 별개의 어음이 아니라 기존 어음을 전자적으로 표현한 것에 불과하며, 배서인이 지급 거절할 경우 전 배서인에게 연속해서 상환청구돼 연쇄파산으로 이어지는 문제점을 여전히 보유하고 있고, 어음거래상의 문제점을 보완한 새로운 현금성결제제도 방식인 기업구매자금대출, 기업구매전용카드, 전자외상매출채권 등이 도입되어 기존의 어음에 의한 외상거래를 대출에 의한 현금결제로 대체하고 이를 통해 어음결제의 비중을 줄이고 있기 때문에 아직 전자어음제도가 도입되지 않고 있다.

---

2) 권종호, 전자어음제도의 도입과 법리적 과제, 2003

기업구매자금대출

　기업구매자금대출제도는 납품기업(공급자)이 구매기업으로부터 어음을 수취하여 활인·현금화하는 이른바 "공급자금융방식"인 어음과는 달리, 구매기업(구매자)이 금융기관으로부터 직접 융자받아 납품대금을 현금결제하도록 하는 이른바 "구매자금융제도"의 한 형태이다.

　즉 납품업자가 구매기업을 지급인, 본인을 수취인으로 하고 납품대금을 지급금액으로 하는 환어음을 발행하여 거래은행에 추심을 의뢰를 하면, 구매기업은 자신의 거래은행으로부터 결제에 필요한 자금을 융자받아 지급하는 제도이다.

기업구매전용카드

　기업구매전용카드란 기업이 물품구매에만 사용할 수 있는 카드를 말하는데, 납품대금에 관해 구매기업이 카드로 결제하면 납품기업은 카드사(구매기업의 지급대행은행)로부터 대금을 지급받는 결제시스템이다.

전자외상매출채권

　기업간 상거래에서 발생한 외상매출채권을 전자화한 것으로서, 외상매출채권을 구매기업이 자신의 거래은행(발행은행)의 전

산망을 통해 금융결제원의 장부(전자채권원장)에 등록시키는 방법
으로 전자식 채권으로 변경하여 판매기업에 발행하면, 판매기업
은 동채권을 자신의 거래은행(보관은행)을 통해 만기에 추심하거
나 혹은 만기전이더라도 동채권을 보관은행에 담보로 제공하고
대출을 받아 현금화하는 제도이다.

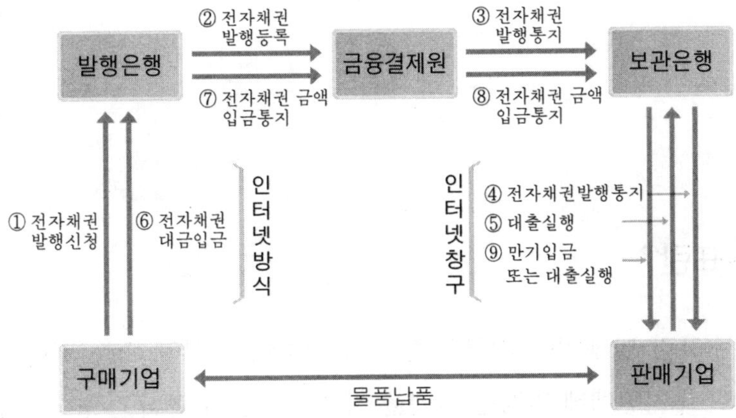

[전자외상매출채권 흐름]

지급을 위탁하는 수표

수표란?

수표란 발행인이 지급인(은행)에 대하여 수취인 또는 기타 정당한 소지인에게 일정한 금액을 지급할 것을 위탁하는 형식의 유가증권이다. 따라서 수표는 발행인 자신이 일정한 금액의 지급을 약속하는 약속어음과는 근본적으로 다르고, 제3자에게 일정한 금액의 지급을 위탁하는 유가증권이라는 점에서 인수 전의 환어음과 동일하다.

특히 수표는 지급수단으로서 안전성과 신속성을 도모하고 현금의 보관으로부터 생기는 도난, 화재, 횡령 등의 위험을 피하기 위하여 생성된 것으로 기업간의 거래에서는 물론 개인의 일상생활에서도 거의 현금의 대용물로서 널리 사용되고 있다.

수표의 발행 및 사용

수표발행은 먼저 당좌예금계좌를 개설한다

수표는 현금의 대용물로서 현금을 지급하는 번거로움과 위험을 줄이기 위해 많이 사용된다. 특히 수표는 어음과 달리 수취인을 기재하지 않아도 되므로 수표의 소지인은 구애됨이 없이 수표의 지급인인 은행에 지급제시를 요청할 수 있다.

그런데 발행인이 수표를 발행하기 위해서는 지급은행에 예금을 가지고 있어야 하며, 그 해당 금액을 어음 수표로 지급할 수 있는 당좌예금계좌을 개설하여야 한다. 즉 어음의 경우와 마찬가지로 수표용지는 당좌예금계좌가 있는 은행에서 교부받아 사용할 수 있는 것이다. 또한 수표를 발행하려면 반드시 수표자금이 있는 은행과 수표계약을 체결하여야 한다.

수표발행의 기입사항

거래 은행에 당좌예금계좌를 두고 있을 때 통일된 양식의 수표용지를 교부해 준다. 수표의 발행인은 수표용지에 필요한 사항을 기재하고 기명날인을 한 뒤 수취인에게 교부함으로써 수표는 발행되는 것이다.

특히 수표발행시 주의해야 할 점은 발행일을 실제의 발행일자보다 다르게 미래의 날짜로 기입하는 선일자수표를 발행하는 경우, 수표의 수취인이 수표에 기재되어진 날짜가 되지 않았음에도 불구하고 교환지급이 되어졌을 때 은행은 이의 지급을 거절할 수 없기 때문에 주지할 필요가 있다. 또한 수표발행시의 인감은 지급은행에 신고된 인감을 사용하여야 하며, 기명날인이 없는 수표는 필요요건 불비로 무효처리됨을 유념하여야 한다.

수표를 발행할 때 수표용지에 기입해야 될 사항은 다음과 같다.

① 지급금액(수표금액)
② 발행일
③ 발행인의 기명 날인

수표의 사용

수표는 보통 무기명식이고 교부로 양도할 수 있으므로 수표를 수취한 상대방은 다시 이것을 제3자에 대한 지급에 사용할 수 있다. 수표의 소지인은 이것을 직접 지급은행 점포로 가지고 가서 현금으로 지급을 받을 수 있으나, 수표의 왼쪽 상단에 횡선이 그어져 있는 횡선수표는 자기거래 은행의 예금구좌에 한번 수표를 입금시키는 방법으로 수표를 처리한다.

지급은행은 그 수표를 교환을 돌리고 돌아와서 발행인의 당좌계정에 충분한 자금이 있는지의 여부를 확인하고 자금이 있으면 수표의 금액만을 차감하여 결제를 끝내고 자금이 부족한 경우에는 자금부족을 이유로 부도처리하여 수표를 지출(持出)한 은행에 반환한다. 다만 당좌예금에 수반하여 당좌대월계약을 체결하고 있다면 일정한 범위 내에서 부족자금을 차용할 수 있고, 당좌대월이 없어도 은행이 초과발행의 조치를 취해주면 부도가 되지 않는다.

수표 3인방, 당좌·가계·자기앞수표

당좌계약에 의한 당좌수표

당좌수표란 수표의 발행인이 거래은행과 당좌예금계약 당좌차월계약 및 수표계약을 포함하는 당좌거래계약을 체결하고 은행에 있는 수표자금(당좌예금잔액 당좌차월한도액)의 범위 내에서 발행하는 수표를 말한다. 따라서 당좌수표는 당좌예금계좌를 가지고 있는 개인사업자 또는 법인이 은행에서 교부한 수표용지에 발행인이 필수적으로 기재해야 할 사항을 기재하고 기명날인한 수표이며, 수표법에서 말하는 전형적인 형태의 수표이다.

개인이 발행하는 가계수표

가계수표는 개인의 일상생활에서 편리하게 이용하도록 하기 위한 취지에서 만들어진 개인당좌수표를 말하는 것으로 수표의 발행방법, 결제방법, 교환제도, 부도처리절차와 방법 등에서 당좌수표와 별다른 차이가 없다. 다만, 기업이 아닌 개인이 발행주체가 된다는 점에서 당좌수표와 다르며, 은행이 발행 및 지급자가 되는 자기앞수표와 구별된다.

가계수표는 가계의 일상 생활자금을 가계종합예금에 예치시켜 두고 필요할 때마다 수표를 발행하여 지급결제수단으로 활용하는 제도로서 현재는 일반가계수표, 은행보증가계수표, 은행공동 정액보증가계수표 등 크게 3가지 종류가 발행되고 있다.

가계수표는 가계종합예금 가입자가 예금잔액 범위 내에서 수표를 발행하면 수취인이 발행인의 신용을 믿고 그 수표를 받을 수 있다. 또한 가계수표를 이용하면 발행인은 현금을 소지할 때의 위험을 줄일 수 있고 예금잔액에 대하여는 소정의 이자를 받을 수 있으며, 일정액 한도 내에서 대월을 이용할 수도 있다는 장점이 있다.

수표의 기본, 자기앞수표

자기앞수표는 지급은행이 지급보증을 하는 대신 은행이 자기를 지급인으로 하는 동액의 수표를 직접 발행하여 줌으로써 지급보증이 되는 수표를 말한다. 즉 자기앞수표는 은행이 발행인이며, 지급인이므로 그 신용도나 유통성이 뛰어나 현금의 대용으로서 가장 많이 사용되고 있다. 따라서 은행이 발행한 자기앞수표

는 부도가 날 염려는 거의 없으며 자기앞수표를 횡선수표로 하면
도난이나 분실을 방지할 수 있어 더욱 안전하다는 장점 때문에
가장 일반화된 수표로 널리 활용되고 있는 것이 현실이다.

제4부

증권과 외환지식

주식이 무엇?

경기가 좋거나 경기가 나쁘거나 주식은 많은 사람들의 눈과 귀에 낯익은 용어이다. 신문의 한 지면은 언제나 증권기사와 주식시세가 장식하는 것을 보면 오늘날의 경제상황은 주식시장에서 그대로 보여진다. 회사가 수익을 많이 내고 우량하면 그 회사의 주식가격은 높고, 재정이 부실하며 사업실적도 나쁜 회사의 경우는 주식가격이 낮고 잘 거래가 되지 않거나 한다.

투자자들이 주식시장에서 주식을 사는 것은 수익을 얻기 위한 것이기 때문에 경영활동이 개선기미가 없고, 사업활동이 부진하면 당연히 투자자들은 그 회사의 발전가능성이나 수익성 창출에 의아심을 가질 수 밖에 없고, 따라서 그 회사에 대해 투자하지 않는 것이다. 또한 대개 주식시장은 실물경기보다 조금 앞서 가는 특징이 있는데, 주식시장을 통해 우리 경제의 현주소를 파악할 수 있다.

주식이란?

주식(株式 : Shares, Stocks)이란 주식회사에 자신이 출자한 일정한 지분을 나타내는 증권을 말하는 것으로, 신설되는 회사에 일정액을 투자한 경우나 증권사를 통하여 어떤 회사의 주식을 소유하게 되면 그 기업의 주주가 되는 것이다. 예를 들어 회사의 자본금이 1억원인 기업이 발행한 총주식이 10만원권 1,000주인데, 이중에 자신이 100주를 가지고 있다면 이 기업의 10%의 지분, 즉, 1/10의소유권을 가지고 있는 것이다.

주식의 분류

주식은 권리내용이나 특별한 성질 등에 따라 보통주식과 우선주식, 후배주식, 혼합주식, 무의결권주식, 상환주식, 전환주식 등으로 나누어지는데, 상법상으로 이처럼 다양한 주식의 발행을 인정하고 있는 것은 자금조달의 편의를 도모하기 위해서다.

하지만 일반적으로 보통주와 우선주, 액면주와 무액면주, 기명주와 무기명주, 구주와 신주 등으로 나눌 수 있다.

주주의 권리형태에 따라 보통주와 우선주

대부분 기업의 주식은 보통주로써 보통주는 보통주식의 약칭이다. 하지만 기업의 경영에는 관심이 없고 보다 높은 배당만을 원한다면 우선주에 투자하여야 한다. 즉 우선주는 이익배당이나 잔여재산분배 등에 있어서 우선권을 갖고 있지만 대신 경영참가권이 제한되어 있어 보통주보다 더 높은 배당을 원하는 투자자가 선호하고 있다.

반면 후배주는 보통주식에 대하여 소정의 배정을 한 후 잔여 미처분이익이 있는 경우에 배당을 받는.주식이다.

액면기재 여부에 따라 액면주와 무액면주

주권에 액면금액이 있는 주식을 액면주라 하고 그렇지 않은 주식을 무액면주라고 한다. 권리면에서는 전혀 차이가 없고 우리나라에서는 모든 주식이 액면주이고 액면금액은 상법상으로 100원으로 규정하고 있다.

주권표면에 소유자의 성명 기재여부에 따라 기명주와 무기명주

주권의 표면에 성명이 기재되어 있는 주식이 기명주식이고 그렇지 않은 주식은 무기명주식인데, 우리나라에서는 대다수 주식이 기명주식이므로 오래된 주권의 이면을 보면 그 주권이 어떤 사람들의 손을 거쳐왔는가를 한 눈에 알 수 있다.

시간상의 차이에 따른 신주와 구주

구주는 이미 발행되어 있는 주식이며, 신주는 회사가 증자나 합병 등으로 새로이 주식을 발행하여 최초의 결산기가 지나지 않은 주식을 말하는 것으로서 주식의 내용에는 큰 차이가 없다.

상법에서는 회사 정관으로 신주의 배당기산일을 직전 영업연

도말로 소급할 수 있게 하여 신주가 발행된 날이 속하는 영업연
도의 배당금 전액을 신주의 주주에게 지급할 수 있는 길을 마련
하였다.

특별한 성질의 주식인 상환주식과 전환주식

① 상환주식

상환주식(償還株式)은 이를 발행할 때부터 장래의 이익에 의한
소각이 예정된 특별한 주식이다. 상환주식은 배당우선주에 한
하여만 발행이 가능하다.

② 전환주식

전환주식(轉換株式)은 회사가 수종의 주식을 발행할 경우에 주
주가 인수한 주식을 다른 종류의 주식으로 전환을 청구할 수
있는 권리가 부여된 특별한 성질의 주식을 말한다.

그리고 전환주식을 발행하려면 정관으로 전환을 청구할 수 있
다는 뜻과 전환조건·전환을 청구할 수 있는 기간, 전환으로
인하여 발행할 주식의 내용과 수를 정하여야 한다.

주주는 어떤 권리와 책임이 있나

주주가 되면 다양한 권리를 지닌다

주식을 소유하게 되면 누구나 그 기업의 주주가 되며, 주주는 그 기업의 주인으로서 자신의 권리를 행사할 수 있다.

주주가 되면 이사 및 감사에 대한 해임이나 이사의 위법행위에 대한 유지청구권, 대표소송제기권, 주주총회소집권 등 많은 권리를 가지게 되며 일반적인 해당기업에 대한 주주권리의 범위를 살펴보면 다음과 같다.

경영참가권

주주는 기업의 주인으로서 주주총회에 출석하여 합병이나 영업권의 양도 등 기업경영과 관련된 중대사안에 대해 자신의 의사표시를 할 수 있다.

이익분배권

기업경영활동의 결과로 나타난 이익에 대하여 주주는 배당금을 받게 된다. 배당금 이외의 기업 이익은 향후 더 많은 이익을 올리기 위하여 기업경영에 이용되는데 이는 기업의 재무제표상 적립금이나 준비금 계정으로 나타나게 된다.

잔여재산 분배청구권

기업이 파산하게 되었을 때 기업의 재산에서 부채를 빼고 남은 잔여재산에 대해 분배받을 권리가 주어진다.

주주는 일정한 책임을 진다

주식을 소유하게 되면 그에 따른 출자액 범위(소유지분)내에서 일정한 책임을 지게 되는데, 이를 주주의 책임이라는 것으로 말하고 상법상 유한책임이라고 한다.

예를 들어 어떤 기업의 주식을 소유함으로써 그 회사가 영업 실적이 좋아 이익이 발생했을 경우 자신이 소유한 지분만큼의 이익을 배당받을 권리를 지니지만, 반대로 기업이 경영악화로 인해 도산하는 경우에는 자신이 투자한 출자지분액만큼을 상실하게 되는 것으로 이때 자신의 지분에 대한 한정적인 책임을 지는 것이다.

소수주주도 권리가 있다

　최근에는 소액주주의 권리가 더욱 강화되어 주주들의 경영감시와 기업경영의 투명성을 보장할 수 있게 되었다. 현실적으로 기업경영에 참여할 수 없는 소액주주들이 일정지분 이상의 의결권을 모아 집단적으로 주주대표소송을 내어 대주주나 경영진의 전횡을 견제할 수 있게 되었기 때문이다.

집중투표제

　대주주가 이사선임을 독점하지 못하도록 소수주주가 집중투표제를 요구할 수 있도록 하였다. 이 집중투표제는 이사 선임과 관련해 1주당 복수의 의결권을 부여하는 것으로, 예를 들어 선임해야 할 이사가 3인이라면 1주당 3개의 의결권이 주어지는 것을 말한다. 따라서 주주는 자신에게 주어진 의결권을 이사 한 사람이 한 번씩 행사할 수도 있고, 특정 후보에게 의결권을 전부 밀어줄 수도 있다.

　이로서 집중투표제를 통하게 되면 소수주주들이 자신들이 원하는 후보에게 의결권을 집중시켜 대주주의 의사와 무관하게 선임할 수 있게 되고, 소수주주의 이익과 기업경영의 투명성을 유도할 수 있게 된다.

실질주주와 실질주주제도

실질주주

실질주주란 발행회사의 주주명부에는 기재되어 있지 않지만 주식에 대한 실질적인 소유권이 있는 주주를 말한다.

예탁결제제도에서 실질주주란 예탁자를 통하여 증권예탁원에 예탁되어 있는 주권의 실제소유자를 말하며, 증권거래법에서는 이를 '예탁주권의 공유자'로 정의하고 있다. 그러므로 실질주주는 곧 증권예탁원에 예탁된 주권이 발행회사의 주주명부에 증권예탁원 명의로 명의개서된 경우 당해 주식을 예탁한 예탁자 또는 투자자를 지칭하는 것이다.

실질주주제도

실질주주제도란 주식의 발행회사가 특정한 날을 정하여 주주에게 각종 권리를 부여하게 되는 경우 그 특정한 날 현재 증권예탁원에 예탁된 주권의 실제소유자인 실질주주를 확정하고 이들의 권리행사를 증권예탁원이 대신하는 업무체계를 말한다.

자금조달을 위한 증자

회사가 증자를 하는 이유는 자금조달의 목적이 가장 크다. 일반적으로 증자를 하는 목적은 설비자금이나, 운전자금의 조달, 부채의 상환, 자본금 대형화에 의한 공신력 제고, 주주에 대한 이익배당, 재무구조의 개선, 주식분산과 유통주식수의 증가에 의한 원활한 주식거래의 유도, 경영안정권의 확보 등을 위해서이다.

증자란?

증자(增資 : Increase of Capital)는 회사가 일정액의 자본금을 늘리는 것을 말하는 것으로 기업의 사업활동에 필요한 자금을 조달하는 한 방법이다. 즉 기존의 자본으로는 신규 사업이나 추가적인 설비투자 등에 필요한 자금을 조달하기가 곤란하거나 재무구조의 개선 또는 상장요건의 충족, 기타 주주의 지분확보 등의 목적으로 새로운 주식을 발행하여 자금을 조달하는 것을 말한다. 하지만 주식시장의 침체기에는 증자를 통한 직접적인 자금의 조달은 여의치 않는 편이고 금융기관을 통한 자금의 조달이나 사채에 의존하는 경우가 많은 편이다.

증자는 유상증자와 무상증자가 있다

증자의 유형에는 신주발행으로 인해 기업의 실질적인 자산의 증가로 연결되는 유상증자와 실질적인 자산의 증가없이 주식자본만 늘어나는 무상증자로 크게 나누고 이외에도 전환사채의 주식전환이나 주식배당 등이 있다. 여기서 유상증자나 무상증자는 별도로 이루어지지만 이를 모두 병행하여 증자하는 경우가 있다.

유상증자

유상증자는 회사가 발행한 신주를 주주나 제3자가 일정액의 돈을 내고 사는 것으로 이로 인해 들어오는 자금은 이자를 지급하지 않아도 되는 자산이므로 기업의 입장에서는 일정액의 자본금을 늘리고 재무구조의 개선효과를 볼 수 있다. 특히 경제여건이 안정되고 우량한 기업일수록 금융기관으로부터의 차입금을 지양하고 직접적인 유상증자로 통한 자금을 확보하는 경향이 있다.

무상증자

무상증자는 기업의 이익준비금, 재평가적립금, 자본잉여금 등 사내유보금을 바탕으로 신주를 발행하여 주식을 소유한 비율에 따라 주주에게 무상으로 배정하는 것을 말한다. 그러나 원칙적으로 무상증자는 주주의 실질적 이익을 늘려주지는 않기 때문에 이익이 될 수는 없다. 하지만 주식투자자들의 입장에서는 단기적인 주가상승을 견인한다고 보고 호재로 생각하는 경향이 있다.

증자는 이렇게 한다

기업이 증자를 하기 위해서는 우선 이사회 결의에 의해 주당 발행가액, 배정기준일, 주당배정비율, 청약일, 발행주식수 등을 결정하여 증권거래소에 공시하여야 하며, 이에 따라 주주들은 배정주식수에 따른 금액을 지정한 청약일에 납입하면 신주를 배정받을 수 있다. 그런데 한정된 증시자금에 증자수요가 넘치게 될 우려가 있기 때문에 모든 기업이 증자를 할 수 있는 것은 아니며 일정한 요건에 부합되어야 할 수 있다.

증자의 공시

기업이 유·무상증자를 하는 경우 우선 증권거래소에 공시하며 일간신문에 배정기준일과 신청기간 및 청약일 등을 게재하는데 여기서 주주로서 유상증자에 참여하기 위해서는 최소한 기준일

의 3일전에 주식을 매입하여야 한다. 즉 다음의 일정표에서 LG
전자의 유상증자(기준일 : 2월 3일)에 참여하기 위해서는 2월 1일
까지 증권사를 통해 주식을 매입해야 한다.

[상장사 유·무상증자 일정]

(단위 : 원, 천주)

회사명	구분	주 당 발행가액	배 정 기준일	주 당 배정비율	청약일	발 행 주식수	실권주 공모청약	
							청약일	주간사
LG전자	유상	할인 30%	2. 3	1.13904	3. 8 ~ 9	7,600	3.15 ~ 16	
삼성물산	유상	할인 30%	2. 8	0.32950	3.15 ~ 16	40,000	3.23 ~ 24	LG
현대건설	유상	할인 30%	2. 10	0.62201	3.10 ~ 11	40,000	3.16 ~ 17	
	무상	5,000	3. 24	0.11392		10,410		

※ 주 : 확정과정에서 변경될 수 있음

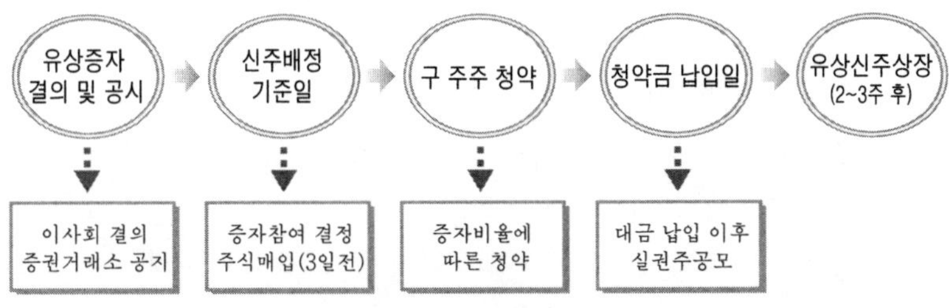

[유상증자의 절차]

실권주

유상증자시에 주주는 일정한 기일에 청약을 하여야 하고 이에
따른 금액을 납입하여야 하지만 주주가 자기판단에 따라 신주를
인수하는 것을 포기하는 경우에 발생하는 주식을 실권주라고 한

다. 실권주의 규모가 적은 경우에는 해당기업 이사회의 결정에 따라 처리되지만, 그 실권주의 규모가 큰 경우 일반인을 대상으로 공개모집(공모)을 한다.

실권주는 보통 시가보다 20~30% 정도 싸며, 우량주식일수록 기대수익율이 높아 청약에 대한 관심이 높고 개인이 청약할 수 있는 일정한 한도를 정하고 있다. 실권주공모청약을 하기 위해서는 주간증권사 창구에서 신청하면 된다.

감자는 주주나 채권자에게 불이익을 준다

감자는 주주의 이해관계에 변화를 초래하고 회사채권자의 담보를 감소시키게 되므로 주주나 채권자 모두에게 불이익을 주게 된다. 따라서 주주총회에서 특별결의를 거쳐야 할 수 있으며, 채권자 보호절차를 밟아야 한다. 하지만 소액주주들은 주주총회에서 감자에 대한 반대의사를 표명할 수 있지만 자신이 보유한 주식에 대한 매수청구권을 행사할 수 없기 때문에 감자가 예상되는 기업의 주식매수는 신중을 기하여야 한다.

자본이 감소하는 감자

감자(減資 : Reduction of Capital)는 기업의 자본금을 일정한 방법에 따라 줄이는 것을 말한다. 감자를 실시하는 이유는 사업부문을 매각하는 등 회사 규모를 줄이거나 자본잠식 등으로 발생한 부실을 줄이기 위해 하거나 또는 회사 분할이나 합병 등을 목적으로 한다. 지난해 워크아웃(기업개선작업)을 진행하고 있는 기업들이나 정부출자를 받아 회생을 도모한 은행들이 감자를 실시하기도 했다.

감자의 방법과 절차

감자방법은 주식금액을 줄이는 방법과 주식 수를 줄이는 방법 또는 이 모두를 병행하는 방법이 있다. 주식금액을 줄이는 방법은 발행 주식수는 그대로 두고 액면가를 낮추는 방법이며, 주식수를 줄이는 방법은 일정 주식을 없애버리는 소각과 몇 개 주식을 합쳐 하나로 만드는 병합으로 구분된다.

감자절차는 주주총회의 특별결의(참석한 주주의 의결권의 2/3, 발행주식총수의 1/3 이상의 수)가 있어야 한다. 다만 정부가 금융기관 감자를 명령한 경우에는 주주총회가 생략된다. 감자결의 이후에는 구주권의 제출과 채권자의 이의제출, 매매거래정지 등의 과정을 거쳐 신주가 상장된다.

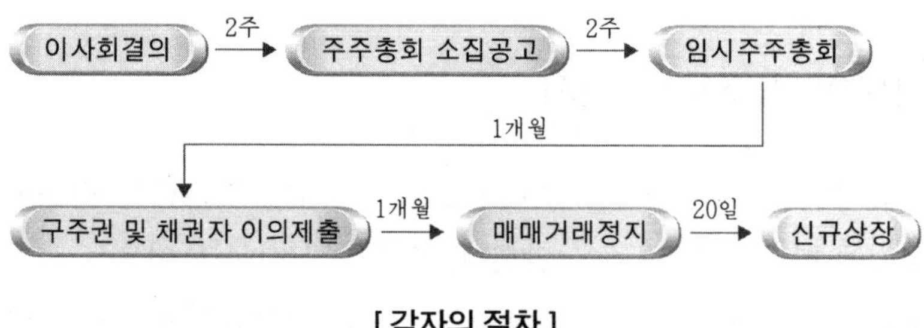

[감자의 절차]

주주들에게 이익을 나누는 배당

배당이란?

기업활동의 성과물인 이익을 보유주식에 따라 주주들에게 나눠주는 것을 배당(配當)이라고 한다. 주식투자자 입장에서는 주가변동에서 얻은 시세차익과 함께 배당에 의한 수입까지 기대할 수 있으므로 금상첨화라 할 수 있다. 그래서 결산기말이 가까워오면 배당투자를 위해 배당성향이 높은 회사에 관심을 많이 가지게 된다.

배당을 하려면 배당가능이익이 있어야 한다

기업이 영업활동을 통하여 이익을 남기지 못하면 당연히 배당할 수는 없는 대원칙이 있다. 또한 이익이 있더라도 아무렇게나

이익을 배당함으로써 회사의 기초를 위태롭게 하므로 상법에서는 배당금으로 할 수 있는 한도를 규정하고 있다. 즉 대차대조표의 순자산으로부터 자본액과 그 결산기까지 적립된 자본준비금과 이익준비금의 합계액, 그리고 그 결산기에 적립하여야 할 이익준비금을 공제한 차액을 한도로 하고 있다. 또한 배당을 하기 위해서는 주주총회의 승인이 있어야 한다.

주식배당과 현금배당

회사가 배당을 주식으로 하는 경우는 주식배당(주배), 현금으로 배당하는 것을 현금배당이라고 한다. 배당의 경우 대부분은 현금배당이 주류를 이루며, 일부는 주식배당 또는 현금과 주식을 함께 배당하기도 한다. 그래서 자신이 주식을 보유한 회사가 그동안 배당을 어떻게 하였는지를 알기 위해서 증권사나 증권거래소 등에 비치된 상장기업분석자료를 통해 보면 된다.

배당투자도 필요하다

배당투자는 배당수익을 극대화하기 위해 높은 배당이 예상되는 종목을 골라 투자하는 것으로 배당성향이 높거나 배당락 이후 주가상승이 예상되는 종목을 선정하여 권리확정일 이전에 해야 한다. 이는 상장기업의 결산기 말 현재의 주주에게 배당을 하기 때문에 결산기말 이후에 매수한 경우 배당이 없다.

그런데 중간배당제도의 도입으로 영업년도 중 1회(결산기말 포함 2회)에 한하여 이사회의 결의로 배당을 할 수 있게 하였다.

배당성향

배당성향은 당기순이익에 대한 현금배당액의 비율로서 이 비율은 배당금 지급능력을 나타내는 지표로 높으면 높을수록 배당금 지급비율이 크다는 것을 나타낸다. 그래서 배당을 많이 받기 위해서는 배당성향이 높은 기업에 투자하여야 한다.

보통 회사가 당기순이익이 많은 호황일 경우 배당성향이 높아지고, 불황인 경우에는 배당성향이 높아지는 경향이 있고, 또한 회사업종이 성장업종인 경우 회사는 재투자를 위해 사내유보를 강화하기 때문에 배당성향이 낮아지고 성숙업종인 경우 반대로 높다.

$$\text{배당성향} = \frac{\text{현금배당액}}{\text{당기순이익}} \times 100$$

배당수익률

배당투자시에는 배당수익률도 염두에 두어야 한다. 기관투자가나 전문투자자인 경우 결산기말이 임박하여 배당성향이 높고 우량한 주식에 매입하여 배당수익을 겨냥한 투자를 하는데, 여기서 배당수익률은 전년도와 같이 당해 연도에도 동일한 배당률로 배당이 실현된다고 가정하여 현재의 가격으로 주식을 매입해 결산기말까지 보유할 때 얼마만큼의 수익을 얻을 수 있는가를 나타내는 지표이다.

$$\text{배당수익률} = \frac{\text{주당배당금}}{\text{주\quad 가}} \times 100$$

$$\text{배 당 률} = \frac{\text{주당배당금}}{\text{액면가액}} \times 100$$

배당락

배당락은 배당기준일이 경과하여 배당을 받을 권리가 없어지는 것을 말하는 것으로 여기서 배당기준일은 해당 기업의 결산기말이다. 즉 12월 결산법인인 경우에는 12월 31일이다.

주가 몸무게를 줄이는 주식분할

주식분할이란?

주식분할이란 주식 1주를 2주로, 2주를 3주로 나누는 것을 말한다. 즉 주식 1주를 여러 개의 주식으로 나누는 것으로 예를 들면 주당 100,000원 짜리 주식을 4대 1로 분할하면 주당 25,000원로 가격이 내려가게 되고, 이에 따라 발행주식수는 4배로 늘어나게 된다.

하지만 고가의 주식을 분할하는 이유는 무얼까? 주가의 몸무게를 줄이는 이유는 주식 값이 비싸지면 투자자들이 부담을 느끼게 되고 이에 따라 우량한 기업의 주식이라도 거래가 줄어들기 때문에 투자자들이 누구나 쉽게 살 수 있게 하기 위해서 주식을 분할하게 된다. 특히 최근 들어 주식분할이 주식투자자에게 큰 관심을 끌고 있는데, 마이크로소프트사(MS), 인텔, GE, 시스코

뿐만아니라 많은 국내 기업들도 주식분할을 했다.

아래의 신문기사에서 볼 수 있듯이 미국 다우 최고 주가 3M도 주식분할은 할 것이라는 보도가 있었듯이 기업입장에서도 주가를 떠받치기 위해서는 유동성이 확보되어야 하기 때문에 주식분할은 앞으로 더욱 관심을 갖게 될 것이다.

다우 최고 주가 3M도 주식분할

불황에 강한 사무용품 업체 3M이 보통주 1주를 2주로 분할하기로 했다. 3M의 주식분할은 9년 만으로, 높은 주가에 대한 투자자들의 부담을 덜어 회사가치를 높이려는 수순으로 해석되고 있다. 주가가 100달러를 넘어선 이베이도 최근 주식 분할을 발표했었다. 3M은 11일(현지시간) 뉴욕증권거래소에서 1.4% 상승한 141.90달러에 마감했다. 이날 종가는 다우 30개 종목 가운데 최고이며, 2위인 프록턴 앤 갬블(P&G) 보다 50달러 이상 비싸다. 내달 22일을 기준으로 주식이 분할되면 주가가 100달러 밑으로 내려올 가능성이 커 P&G가 다우의 최고 주가 자리를 차지할 전망이다.

3M은 시장의 여건이 녹녹하지 않지만 탄탄한 실적을 낼 수 있다고 강조한 후 주식 분할에 따른 분기 및 연간 순익 전망치를 수정해 발표했다. 주식 분할 발표전 주당 1.56~1.60달러로 예상했던 3분기 순익 전망치는 78~80센트로 조정됐다. 연간으로는 주당 5.75~5.90달러에서 2.95~3.02달러로 수정됐다.

한편 월가의 존경받는 투자자 워런 버핏이 운영하는 버크셔 해서웨이는 창사후 주식을 분할하지 않았고, 이날 3.3% 상승한 7만 4800달러를 기록했다.

[자료 : 머니투데이, 2003년 8월 12일]

주식분할 방법

주식분할 방법에는 액면변경방식과 액면주식을 모두 무액면주식으로 바꾸는 방식이 있다.

액면변경방식은 주식 1주의 액면가액이 5,000원인 경우 1주를 10주로 나누어 액면가액 500원으로 나누는 것으로 주주총회의 의결로 주식을 자유롭게 분할할 수 있다.

종전에는 주식 1주의 최저액면금액이 5,000원으로 고정되었으나 상법 개정으로 주식최저액면가를 100원으로 인하하여 주식분할을 자유롭게 하고 신주발행시 기업자금 조달의 편의를 도모하게 되었다. 또한 주식분할을 통해 고가주식의 유통이 원활하게 되고 합병대상기업은 그 준비단계에서 주가차를 조절할 수 있게 되었다.

자금조달을 위한 기업공개

기업공개란?

기업공개는 기업이 발행한 주식을 일반투자자를 상대로 공개모집(공모)하거나 대주주가 보유하고 있는 주식 일부를 불특정 다수의 투자자에게 팔아 주식을 분산하는 것을 말한다. 이처럼 기업공개를 통해 해당 기업의 주식을 증권거래소에 상장하게 되면 누구나 주식을 쉽게 사고 팔 수 있게 된다.

그동안에 기업공개는 증권거래소에 상장을 전제로 하였지만 99년 4월 1일부터 실질상장심사제도가 실시됨으로써 상장하지 않고도 기업공개가 가능하게 되었으며, 이에 따라 상장이나 등록 요건을 갖추지 못한 중소기업이나 벤처기업들이 자유롭게 기업공개에 나서 공모방식으로 일반자금을 조달할 수 있게 되었다.

그리고 공모한 주식은 시장성과 유통성이 확보돼야만 일반투자자들의 참여를 이끌어 낼 수 있으며, 환금성을 보장하기 위해 매매거래가 활발하게 되도록 증권거래소 상장 또는 코스닥 등록이라는 수단을 이용하게 된다. 따라서 증권거래소 상장이나 코스닥 등록이 아닌 제3시장 상장, 인터넷 직접 공모와 같은 경우에도 기업공개라고 하며, 기업공개를 상장과 같은 개념으로 사용하는 이유는 기업의 공개를 원활히 하기 위해서 상장이라는 수단을 사용하기 때문이다.

기업공개를 하는 이유

기업이 공개됨으로써 일반 주주들로부터 유상증자나 사채발행 등을 통해 대규모의 장기 자본을 원활하게 조달할 수 있게 된다. 대부분의 기업들이 담보제공 및 이자와 원금지급의 부담이 있는 은행대출을 통해 자금을 조달하는 실정인 만큼 기업공개를 통한 대규모 자금조달은 기업의 지속적인 성장을 위한 밑거름이 될 수 있기 때문에 기업공개의 주된 이점이라면 대규모 자금조달의 원활화에 있다고 본다.

그리고 기업성장의 측면에서 기업의 소유와 경영을 분리해 우수한 전문인력을 확보하고 자본배분을 효율화하여 경영합리화와 생산성 향상을 도모할 수 있으며, 기업의 국제적 인지도를 제고할 수 있다. 특히 상장법인은 국·내외 투자자를 비롯한 많은 사람들의 관심의 대상이 되며, 기업의 재무내용이나 경영상황이 신문, TV, 증권 관계기관의 각종 자료 등을 통하여 국내외에 전달

됨으로써 기업의 인지도를 높이는 효과를 얻을 수 있다. 그래서
기업공개는 한 기업이 장기적으로 성장하기 위한 필수적인 과정
중의 하나라고 볼 수 있다.

투자정보의 기본은 기업공시

기업공시란?

기업공시(企業公示)는 상장기업이 주요 경영변동사항이나 현안을 투자자에게 알리기 위해 증권거래소라는 공식기관을 통해 발표하는 기업정보와 관련한 소식이다. 그래서 증권가에 떠도는 막연한 정보와는 달리 해당 상장기업이 공신력을 바탕으로 발표한 것인 만큼 신빙성이 높다.

이러한 기업공시는 모든 투자자에게 공평하게 널리 전달되어야 하고 기업정보는 발생 즉시 신속하게 공시되어야 하며, 투자판단에 오류가 생기지 않도록 최신의 정보가 제공되어야 한다.

또한 허위이거나 불확실한 경우 투자자의 투자판단에 혼란을 줄 우려가 있으므로 정확하여야 하며, 공시내용에 관한 용어는 가능한 한 투자자가 이해하기 쉽도록 평이하고 간결, 명확하여야 한다.

기업공시에 따라 주가가 변한다

기업공시를 잘 이해하면 큰 피해를 줄이고 이득을 얻을 수 있다. 어떤 기업에 대한 나쁜 정보가 증권가에 나돌면 이에 따라 그 회사의 주가에 나쁜 영향을 미친다. 반면 자본금 증자나 신제품 개발, 부채비율 축소, 외자유치 등의 호재는 주가에 좋은 영향을 미친다.

이처럼 보도나 풍문에 대한 정확한 공식의견을 들을 수 있는 것이 기업공시이므로 주식투자자는 공시내용에 대해 항상 신경을 써야 한다. 특히 초보투자자일수록 공시만 제대로 파악하더라도 주식투자의 성공확률을 훨씬 높일 수 있고, 공시를 통해 해당 기업의 움직임을 읽을 수 있으므로 투자결정에 큰 도움이 된다.

기업공시의 분류

기업공시를 분류하자면 직접공시와 간접공시, 조회공시가 있다.

① 직접공시

수시공시라고 하는데, 회사운영에 중요한 변수가 되는 정보를 공시하는 것으로서 부도, 유·무상증자, 합병, 회사정리 등이 직접공시의 대상이다. 상장회사는 이런 사실이 확정되자마자 공시해야할 의무가 있다.

② 간접공시

공정공시로서 직접공시 항목보다는 약하지만 부실여신, 신규 시설투자, 자산재평가, 담보제공 등이 간접공시대상이다. 해당 회사는 이런 사실에 대해 다음날까지 공시해야 한다.

③ 조회공시

조회공시는 보도나 풍문에 대해 증권거래소가 해당기업에 의뢰해 사실여부를 확인하는 것으로서, 해당기업은 사실확인이 들어오면 이에 대해 곧바로 공식의견을 내야한다.

공시 체크포인트

기업들이 내는 공시내용은 다양하다. 그래서 투자자가 공시를 이용하려면 해당 기업에 대한 사전지식을 갖추는 것은 물론이고 공시내용이 해당 상장사에 어떤 영향을 미칠 것인지를 면밀히 검토하여야 투자정보로서의 가치가 배가되는 것이다. 공시를 유형별로 나뉘어 보면 다음과 같다.

① 유·무상증자

상장사가 유상증자 공시를 내면 이 회사가 자금이 필요한 상황이라는 것과 증자를 성공리에 마치기 위해 주가관리에 나설 가능성이 있다는 것을 짐작할 수 있다.

② 회계처리기준

회계처리기준의 변경공시는 해당 회사의 영업환경에 변화가 있었을 가능이 높다. 즉 실적이 악화된 회사가 이익을 늘리거나 손실을 줄이기 위해 회계기준을 바꿀 수 있기 때문이다.

③ 구조조정

구조조정을 위한 합병공시의 경우 합병성공 가능성이나 합병 후의 사업전망 여부 등을 검토한다.

④ 지배주주와의 거래나 최대주주 변경

관계사의 채무보증이나 출자거래, 최대주주의 변화 등은 면밀한 검토대상이다.

⑤ 자산매각, 자회사 청산

자산매각이나 자회사 청산 공시는 현재의 손익상황과 향후 중장기적으로 사업환경에 어떤 영향이 올 것인가를 검토한다.

⑥ 외자유치나 기술수출 등 기타 안내사항

전자공시제도

전자공시는 기존 서류로 제출하던 사업보고서와 감사보고서, 유가증권신고서 등 공시서류를 전자매체로 제출하는 것을 말한

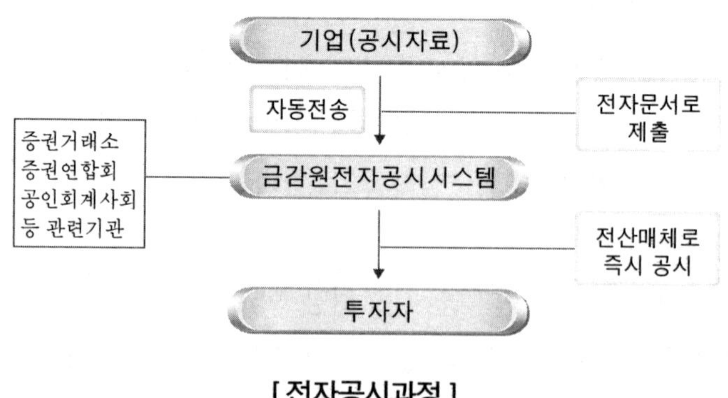

[전자공시과정]

다. 즉 전자공시를 하는 기업은 인터넷 전송이나 디스켓, 마그네틱 테이프 등에 내용을 담아 금융감독원에 제출하는 것으로서 전자매체로 낸 자료는 그대로 주컴퓨터에 보관되므로 이용자 역시 금융감독원이나 증권거래소 등 증권유관기관에 나가 공시자료를 열람할 필요없이 인터넷이나 PC통신 등으로 검색할 수 있게 되어 시간절약과 함께 손쉽게 정보를 이용할 수 있게 된다.

주식의 공개매수

주식의 공개매수는 기업인수·합병(M&A)의 한 형태로서 회사의 지배권획득 또는 유지, 강화를 목적으로 주식의 매수 희망자가 매수기간, 가격, 수량 등을 공개적으로 제시하고 증권회사 창구에서 청약을 받아 불특정다수의 주주로부터 주식을 장외에서 매수하는 방법을 말한다.

이러한 주식의 공개매수는 일반적으로 대상기업의 의사와는 무관하게 이루어지는 적대적 M&A의 일종으로, 공개매수절차가 진행되는 동안에 매수 희망기업과 대상기업 또는 대주주간에 지분확보 및 경영권방어를 둘러싸고 치열한 경쟁 양상을 보이기도 한다.

주식을 공개매수하려면 먼저 공개매수희망자는 사전신고제도에 따라 공개매수신고서 및 첨부서류를 금융감독위원회에 제출하고 그 신고서 사본을 증권거래소 또는 증권업협회에 제출해야 한다. 그리고 공개매수공고일부터 3일이 경과한 이후에 매수할 수 있다. 이렇게 공개매수를 할 수 있게 된 날 이후에는 예외적인 경우를 제외하고는 공개매수를 철회할 수 없다.

공개매수신고서에는 공개매수자 및 대상기업에 관한 사항, 공개매수의 요령 등이 기재되어야 하며 공개매수자는 그 사본을 즉시 매수대상 주식 등의 발행인에게 송부해야 하는데 이는 매수대상 기업에 대해서 경영권 방어내지 검토할 시간을 주어 대응전략을 세우도록 하기 위해서입니다. 이때 공개매수 대상주식의 발행인은 신문광고나 서신, 기타 문서에 의하여 자기의 의견을 표명할 수 있다.

이처럼 공개매수절차를 엄격히 하는 것은 소유주주 및 투자자에게는 합리적인 판단을 할 수 있도록 함으로써 매수자, 대상기업의 경영진, 투자자 3자간에 공정한 거래가 이루어질 수 있는 여건을 조성한다는 목적도 갖고 있다.

한편 공개매수자에게 보유주식을 팔고자 하는 투자자는 공개매수 기간동안 대리인으로 지정된 증권회사 본·지점에 신청서를 제출하여야 하며 이때 청약주권총수가 공개매수예정주식수를 초과하면 청약 주식수에 비례하여 안분 배정하게 된다.

주식시장은 경제의 거울

증시는 경제변화를 그대로 반영하고 있다. '주식시장은 경제의 거울' 이라는 말이 있듯이 주식시장은 경제의 모든 변화모습을 반영하고 있으며, 증시에 그 영향을 미치는 변수 또한 많다.

또한 증시 주변의 환경변화는 하나의 현상만으로 단순하게 증시변화를 예측할 수는 없다. 다양한 지표의 움직임을 종합적으로 분석하여 증시에 어떤 영향을 줄 것인지를 가늠하여야 한다.

그래서 주가가 어떻게 변할지 예측한다는 것은 그만큼 어렵고 복잡하다. 어쩌면 전문가의 몫일는지 모르지만 주식투자자라면 증시 주변의 환경변화에 최소한의 관심을 가져야 한다. 이는 주식투자가 감으로 하는 것이 아닌 만큼 증시환경에 영향을 미치는 다양한 변수들을 다각적으로 분석하고 이를 통하여 자신에게 맞는 '투자의 눈' 을 지니기 위해서다.

주가는 경기흐름보다 앞선다

경기와 주가는 밀접한 관련이 있다. 특히 주가의 움직임은 일반적으로 경기의 흐름보다 앞서서 움직이는 선행성을 가지고 있다. 왜냐하면 주식투자자는 기업의 미래가치를 평가하여 투자를 하기 때문이다.

경기가 좋아지면 기업들은 생산과 판매활동이 활발해져 수익을 많이 내게 되고, 이에 따라 그 기업의 가치가 높아질 것이므로 주가가 오른다. 반대로 경기가 나빠지면 수요감소로 판매가 부진해지고 재고가 쌓이며, 이에 따라 생산활동도 위축되며 기업의 수익도 떨어질 것이므로 주가도 내린다. 그런데 경기가 좋아지면 당연히 주가가 오르지만 반드시 시간적으로 일치하지는 않는다. 경기가 나쁘더라도 시중에 돈이 많으면 '금융장세' 라고 해서 주가가 오르는 일이 있다.

정책당국이 경기활성화를 위해 금융완화정책을 펴면 대세상승이 시작되면서 이 정책이 효과를 거둬 경기가 회복기를 접어들면 주가는 본격적인 상승과정으로 진입하게 된다.

또한 경기가 활황을 구가하면 반드시 증시도 활황이 계속되는 것은 아니다. 왜냐하면 미래를 낙관하는 기업들이 설비투자를 계속 늘리고, 신규 사업을 진행하면서 시중의 돈을 끌어씀으로서 시중에는 돈에 대한 수요가 증가한다. 돈에 대한 수요증가는 곧바로 금리의 상승을 불러오고, 증시에서는 자금조달을 위한 기업들의 증자가 급증해져 주가가 내리막길로 접어들기 시작한다.

이와 같이 경기자체만 가지고 주가를 예측하기에는 어려움이 있다. 그래서 경제동향의 변화나 주요 지표, 기업들의 실적변화 등을 검토해봐야 한다.

주식시장을 움직이는 변수들

여러 경제지표들과 주가와의 관계는?

한 나라의 경제수준을 나타내는 지표에는 통화량, 금리, 국제
수지 등 여러 가지가 있다. 먼저 통화량과 주가와의 관계를 보면
통화량이 증가하면 주가는 상승하는 경향이 있다. 통화량이 증가
할 때 사람에 따라 부동산, 예·적금, 주식 등을 선호하므로 주식
시장에도 자금이 들어와 주식시장에는 긍정적 효과를 가져오게
된다.

금리가 내리면 은행상품과 경쟁관계에 있는 금융상품인 주식
시장의 상대적 이점이 부각되어 주가는 대체적으로 상승하는 경
향이 있다. 반대로 금리가 오르면 안정적 투자를 선호하는 사람
이 은행을 찾게 되어 주가는 떨어지는 경향이 있다.

국제수지가 흑자를 유지하면 대체적으로 주가는 상승하고, 반

대로 국제수지가 적자를 기록하면 대체적으로 주가는 내려가게
된다. 국제수지란 외환보유액이다. 외환보유액은 나라의 자산으
로 자산이 늘어나면 나라의 경제력에 대한 평가가 높아지고 이러
한 평가의 고저가 주가의 움직임에 반영되는 것은 자연스러운 것
이라 볼 수 있다.

경기와 주가는 어떤 관계가 있나?

경기는 국민경제의 전체적인 활동수준을 나타내는 것으로 시
간의 흐름에 따라 확장과 수축을 반복하면서 계속적으로 변동하
는데 이를 경기의 순환이라고 말한다.

경기와 주가는 대체로 밀접한 관련을 가지고 있으며 주가는
경기변동에 선행하여 움직이는 경향이 있다. 즉 경기가 정점에
도달하기 수개월전부터 주가는 상승국면에서 하락세로 전환하
고, 반대로 경기가 저점에 도달하는 시점을 전후하여 주가는 하
락국면에서 벗어나 상승기로 접어드는 것이 일반적이다.

물가와 주가는 어떤 관계가 있나?

물가 또는 물가수준은 기업수지 및 투자심리에 영향을 주어
주가에 상당한 영향력을 준다.

일반적으로 완만하고 지속적인 물가상승은 실물경기의 상승
을 가져오면서 기업수지의 개선과 기업의 자산가치를 증대시켜

주므로 주가를 상승시키게 된다. 반대로 급격한 물가상승은 금융 저축을 위축시키고 부동산, 귀금속 등의 실물자산을 선호케하여 주가를 하락시키는 요인으로 작용한다.

주가와 경제정책

정부가 내놓는 경제정책은 증시에 영향을 미친다. 정부가 특정산업을 집중 육성하겠다는 방침이 전해지면 증시에서는 이와 관련한 주식(일명 '테마주')들이 움직이기 시작한다.

예를 들어 지난 시절에 벤처산업을 육성하기 위한 특별법이 제정되고 정부의 집중적인 지원이 전개되면서 증시에서는 '신개발주 또는 신기술주' 들이 급등하기도 하였다.

주식시장 동향을 읽는 주가지표

주식시장을 볼 때는 개별주식의 가격 뿐만 아니라 시장 전체의 주가동향을 파악할 필요가 있다. 주식시장에서는 매도주문과 매입주문이 일치하면 거래가 성립된 주식의 총수가 거래량이고, 가격의 총액이 거래 대금이다. 주식시장 전체의 거래량과 거래대금은 시세 전체의 에너지를 아는데 중요한 지표가 되며, 개개의 종목 거래량도 각 종목의 움직임을 판단하는데 중요한데, 이처럼 주가지표는 주식시장 전체의 움직임과 주가수준, 주가변동을 통계적 방법에 의하여 하나의 수치로 나타낸 것이다.

주가수준을 보기 위한 지표

단순주가평균

채용된 종목의 주가를 합계하여 이를 종목수로 나눈 것으로 계산방법이 간단할 뿐만 아니라 각 시점의 평균적인 주가수준을 파악할 수 있다. 하지만 채용종목 중 증자에 의한 권리락, 주식분할, 채용종목의 변경시에는 전일의 주가평균과 당일의 주가평균과의 사이에 단층이 생겨 연속성이 없는 단점도 있다.

$$단순주가평균 \ = \ \frac{대상종목의 \ 주가합계}{대상종목수}$$

가중주가평균

주가평균은 어떤 특정시점에 있어서 각 주식의 가격에 대한 평균치를 말한다. 즉 상장종목의 주가합계를 평균한 것으로 계산방법에 따라 단순주가평균, 가중주가평균, 수정주가평균으로 구분할 수 있다. 가중주가평균은 채용하고 있는 주식의 상대적 중요도를 반영하여 주식시장 전체의 가격수준을 표시하고자 하는 방법으로 채용하고 있는 주식들의 가격을 각 주식의 상대적 중요도를 반영하는 가중치(거래량 또는 상장주식수)로서 가중평균한 것이다.

가중주가평균 산출의 필요성은 현재 증권거래소의 주가지수가 시가총액식 주가지수이므로 주가평균도 발행규모에 따라 상장주식수를 가중한 주가평균이 필요하게 되었고, 많은 종목으로 포트폴리오를 구성하고 있는 기관투자가와 같은 투자자의 보유주식에 대한 평균적인 주가수준을 나타내므로 필요하다.

우리나라에서는 증권거래소가 1983년 주가지수 산출방식을 시가총액방식으로 전환시키면서 각 지수별로 채용종목의 상장주식수를 가중치로 한 가중주가평균을 단순주가평균과 함께 산출하고 있다.

$$\text{가중주가평균} = \frac{\text{대상종목의 시가총액 합계}}{\text{대상종목의 상장주식수 합계}}$$

$$\text{시가총액} = \text{상장주식수} \times \text{주가(종가)}$$

주가변동을 보기 위한 지표

주가평균식 주가지수

주가평균식 주가지수는 주가평균을 지수화하여 주식시장의 상황을 시계열로 살펴보는 주식시장의 대표적인 투자지표이다.

그 이용 방식은 주가평균을 그대로 사용하는 경우와 주가평균을 지수화 하여 사용하는 경우로 나눌 수 있다. 주가평균을 그대로 사용하는 주가평균식 주가지수로는 미국의 다우존스(Dow Jones) 공업주 30종목 주가평균과 일본의 일경 225종목(Nikkei 225)주가평균이 있으며, 한국증권거래소에서 발표하는 수정주가평균이 있다. 주가평균을 지수화 하여 사용하는 주가평균식 주가지수로는 한국경제신문사 및 매일경제신문사에서 발표하는 한경

지수 및 매경지수가 있다.

$$\text{주가평균식 주가지수} = \frac{\text{대상종목의 주가합계}}{\text{대상종목수(항상제수)}}$$

시가총액식 주가지수

시가총액식 주가지수는 일정시점의 시가총액과 현재시점의 시가총액을 대비함으로써 현재의 주가수준을 판단하는 주가지수로서, 주식자산가치의 변동을 통하여 시장전체의 주가변동을 파악할 수 있도록 한 지표이다.

세계의 주요 주가지수는 대부분 시가총액방식에 의해 산출되고 있는데, 대표적인 것으로는 미국의 NYSE종합, S&P500, 일본의 TOPIX, 영국의 FTSE 100, 프랑스의 CAC40, 독일의 DAX, 홍콩의 HangSeng 등이 있고 우리나라의 한국종합주가지수(KOSPI) 및 한국주가지수 200(KOSPI 200)도 시가총액식 주가지수이다.

$$\text{시가총액식 주가지수} = \frac{\text{비교시점의 시가총액}}{\text{기준시점의 시가총액}} \times 100$$

주식투자의 판단지표

주식투자자라면 주식시장의 전체적인 움직임을 파악할 필요가 있다. 매일 아침 신문의 증권면에 실린 어제의 종합주가지수나 주식거래량, 거래대금, 고객예탁금의 규모 등을 통해 대략적인 내용을 가늠해 볼 수 있다. 만약 자신의 관심을 끄는 투자할 대상인 개별주식의 경우라면 해당 주식의 배당수익률, 주가수익비율, 주가순자산비율 등을 보게 되는데, 이를 개별 종목의 투자판단지표라 한다.

개별 종목에 대한 분석이 필요한 이유는 은행에 예금을 할때 금리가 높은 즉, 이자를 많이 주는 상품을 골라 예금하는 것과 같다고 할 수 있다.

배당수익률

당기에도 전기와 같이 동일한 배당률로 배당이 실현된다고 가

정해서 현재의 가격으로 주식을 매입하여 결산기 말까지 보유할 때 몇 %의 수익을 얻을 수 있는가를 측정하는 지표로서 주식시장 전체의 수익성 정도를 파악하거나 종목간의 주가수준을 비교하는데 이용된다.

배당수익률은 개별종목의 1주당 배당금을 매일의 종가로 나누어 산출하는 종목별배당수익률과 주식시장 전체의 배당수익률 수준을 나타내는 평균배당수익률로 나눌 수 있는데, 평균배당수익률은 다시 단순평균배당수익률과 가중평균배당수익률로 구분된다.

$$\text{배당수익률} = \frac{\text{배당금}}{\text{시장가격(주가)}} \times 100$$

주가수익비율

주가수익비율(PER : Price Earnings Ratio)이란 주식의 시장가격을 주당순이익으로 나눈 값으로 정의된다. 여기서 주당순이익(EPS)은 기업의 당기순이익을 발행주식수로 나눈 값이다.

주가수익비율은 P/E비율 또는 이익승수라고도 불린다. PER는 주식의 시장가격을 주당순이익으로 나눈 값이므로, 기업이 벌어들이고 있는 1원의 이익에 대해서 증권시장의 투자자들이 얼마의 대가를 지불하고 있는가를 측정한 것이다.

즉 기업의 단위당 이익의 창출능력에 대한 주식시장에서의 평가수준을 나타낸 것이다. PER이 높으면 기업이 영업활동으로 벌어들인 이익에 비해 주가가 높게 평가되었으며, 반대로 PER이 낮으면 이익에 비해 주가가 낮게 평가되었음을 의미하므로 주가가 상승할 가능성이 크다.

$$\text{주가수익비율} = \frac{\text{주가(증가)}}{\text{주당순이익}}$$

주가순자산비율

주가순자산비율(PBR : Price Book value Ratio)은 주가를 1주당 순자산으로 나눈 것이다.

여기서 순자산이란 대차대조표의 자산에서 부채를 차감한 후의 자산을 말한다. PBR은 재무내용면에서 주가를 판단하는 척도로서 어느 한 기업의 PBR이 1이라면 주가가 1주당 자산가치와 같다는 것을 의미한다. 그러므로 PBR이 1이상인 종목은 자산가치에 비해 주가가 높고, 1미만인 종목은 자산가치에 비해 주가가 낮게 평가되어 있다는 것을 말한다.

$$\text{주가순자산비율} = \frac{\text{주가(증가)}}{\text{1주당순자산}}$$

미래를 사고 파는 선물거래

'누군가 나에게 커다란 선물(gift)을 준다면 얼마나 좋을까?'

무슨 허무맹랑한 소리라고 말할지 모르지만 장래를 예측해서 투자하는 한 방법이 선물거래이다. 사실 제대로 된다면 큰 선물을 받을 수도 있다. 선물(先物)이란 용어는 영어로는 'futures', 우리말로는 '앞 선(先)자, 물건 물(物)자' 인데 한자 의미가 보다 쉽게 알 수 있다.

지금 시장에서 거래되는 쌀, 석유, 밀가루, 철강, 반도체 등 우리들이 살아가는데 필요한 각종의 재화들을 미래의 어느 시점에 거래하기로 하고 현재의 시점에서 사고 파는 것이 선물이다.

이러한 거래방법은 현재 거래되는 밀가루 1kg이 6개월 뒤에는 얼마가 될지, 또한 중동산 원유가 앞으로 어떻게 가격이 변할지를 예측할 수 없을 뿐만 아니라 실제 생활에서도 꼭 필요한 물건이므로 미리 미리 구입해 두려는 의미도 있으며, 이러한 거래를 통해 수익을 창출하려는 의도도 있다.

예를 들어 빵을 만드는 기업의 경우라면 원재료인 밀가루를 항시 생산량에 맞게 일정한 한도로 수급을 하여야 하는데, 작황이 나빠 어떤 시기에는 그 수급이 곤란하거나 또는 밀가루 가격이 너무 올라 도저히 채산성을 맞출 수가 없다면 기업의 경영상 커다란 차질을 빚게 된다. 이처럼 선물거래는 석유나 가스, 금·은과 같은 천연자원과 농·수·축산물 등에 이르기까지 수확량이나 가격 예측이 불가능한 상품들이 주로 거래대상이 되었지만 지금은 달러나 엔과 같은 통화, 금리, 주가지수 금융상품을 대상으로도 선물거래가 이루어지고 있다.

따라서 선물거래는 어떤 상품에 대해 미래의 정해진 시점에 일정한 양을 정해진 가격으로 주고 받기로 하고 현재 시점에서 매매하는 것으로서 수량·규격·품질 등이 표준화되어 있는 상품 또는 금융자산을 현재시점(계약시)에 정한 가격(선물가격)으로 장래의 일정시점에 인수·도할 것을 약속하는 거래로 조직화된 거래소에서 이루어지는 거래를 의미한다.

선택적 거래인 옵션거래

옵션은 어떤 상품을 일정한 가격으로 일정량을 일정기일 또는 일정 기간내에 살 수 있는 권리(Call Option) 또는 팔 수 있는 권리(Put Option)를 말하는 것이며, 이때 상대방인 옵션 매도자 또는 발행자는 그에 따라 팔거나 살 의무를 지게 된다.

선물거래의 경우 파는 사람, 사는 사람이 모두 대상상품의 매매를 이행할 의무를 갖지만 옵션거래에서는 옵션의 매각자(Seller)만 대상상품의 매매를 이행하는 의무를 갖고 옵션의 매입자(Buyer)는 매각자에게 매매의 이행을 청구할 권리를 갖지만 의무는 지지 않는다. 즉 옵션은 매입자가 자신에게 유리한 가격조건에서만 행사하고, 불리한 조건에서는 행사하지 않을 수 있는 권리를 누릴 수 있다.

그리고 현물에 대한 투자대신 그 옵션거래를 택하게 되면 상대적으로 훨씬 적은 비용으로 현물거래와 같은 수익률을 기대할 수 있다. 즉 매입의 경우 옵션에서는 프리미엄의 지출밖에 없으며 매도의 경우도 현물시가의 아주 적은 비율의 증거금만으로 계약이 체결되기 때문이다.

선물옵션

선물옵션이란 현물에 대한 선물계약을 옵션의 기초물로 하는 것이다. 현재 선물거래소에서 상장되어 있는 대부분의 선물계약에 대해 선물옵션거래가 이루어지고 있다.

선물옵션을 행사하면 대상 현물의 매매를 할 수 있는 것이 아니라 현물에 대한 선물계약이 이루어지는 것이다. 이에 특기할 것은 옵션행사시 주어지는 선물계약의 가격은 행사시점의 선물가격이 되어 행사가격과의 차이에 대한 보상이 옵션발행자로부터 옵션 행사자에게로 이루어져야 하는 점인데, 원칙적으로는 현금으로 해야 하나 보통은 선물계약을 행사가격에 하고 그 즉시 시가로 회복시키면서 일일정산을 하는 방법을 택한다.

주식옵션

주식옵션은 특정 개별주식을 대상자산으로 하는 옵션거래를 말하며, 권리행사할 때에는 대상주식 실물을 실제로 주고받는 방법으로 하는데, 계약조건은 보통 개별 주식의 거래단위에 맞추는 것이 보통이다.

한편 주식옵션에서는 주식에서 생길 수 있는 배당, 주식분할 같은 요소가 옵션계약에 영향을 미칠 수 있다.

주가지수옵션

주가지수옵션은 주식시장에서 매매되고 있는 전체 주식 또는 일부 주식의 가격수준을 나타내는 주가지수를 대상으로 하는 옵션거래를 말하는데, 일반적으로 지수옵션의 계약단위는 특정 행사가격의 지수에 특정한 승수를 곱한 금액수준이다.

주식옵션계약과의 차이점은 계약청산이 현물이 아니라 현금결제로 이루어진다는 것이다.

통화옵션

통화옵션은 환율변동이 불확실한 외환시장에서 외환거래에 수반되는 환리스크를 방어하거나 또는 재정거래를 통하여 추가 이익을 실현할 수 있는 외환옵션거래이다.

통화옵션거래에서 옵션 행사의 여부는 기본적으로 행사환율의 격차, 옵션프리미엄의 크기에 의하여 결정되며 이밖에 옵션매입시점에서 지급하는 프리미엄의 이자비용과 거래비용도 옵션행사의 여부에 영향을 미친다.

금리옵션

　금리옵션은 그 성과가 금리의 변화에 의해 결정되는 옵션계약들을 총칭한 것으로서 그 기초물에는 특정종류의 금리도 있고 채권상품도 있다.

채권과 채권시장

채권이란?

국가나 지방자치단체, 기업 등이 불특정 다수 또는 특정의 투자자들로부터 자금을 차입하기 위해 발행하는 유가증권을 채권이라 한다.

채권은 일정한 기간 후에 원본을 반제할 것과 기간 중에 일정한 이자의 지불을 약속한 일종의 차용증서라 할 수 있지만, 단순한 차용증서가 아니라 발행자에 대한 권리를 유형화한 유가증권이라는 특징을 갖고 있다.

원본의 반제와 이자의 지불이 확실히 보증되어 있다는 점에서 확정 이자부 증권이라고도 한다.

채권의 특징

수익성

채권투자시 얻을 수 있는 수익으로는 이자소득과 자본소득이 있다. 이자소득은 채권을 보유함으로써 약속된 발행이율만큼 이자를 지급받는 것을 말한다. 자본소득은 채권가격의 변동에 따른 시세차익을 말하는 것으로 매수금리보다 금리가 높을 경우 매매손이 발생하며, 반대로 금리가 하락한 시점에서 매도할 경우에는 매매익을 얻을 수 있다.

안정성

채권투자에는 보통 채무불이행 위험과 시장 위험의 두가지 위험이 따른다.

채무불이행 위험은 채권에 약속된 원금의 상환과 이자의 지급이 약속대로 지켜지지 않을 가능성이 존재하는 위험을 말하나, 채권은 정부·지방자치단체·특수법인 및 상법상의 주식회사만이 발행하므로 안정성이 매우 높다. 또한 주식회사가 회사채를 발행하는 경우에는 금융기관이 원리금을 보증하는 보증사채가 대부분이므로 기업사정에 관계없이 확정된 이자와 원금을 받게 된다.

하지만 발행사나 보증사의 재무구조가 취약해질 경우 채권시장에 유통이 잘 되지 않을 뿐더러 매매가 되더라도 높은 금리로 거래가 되므로 환금성 및 수익성에 악영향을 미칠 수 있다. 반면 시장위험은 투자자가 채권을 매입했을 때 채권의 시장가격이 매입가격보다 낮아질 가능성을 말한다. 이는 시장 전체 위험으로 시장수익률 변화에 대한 투자자의 정확한 예측과 분산투자로서 위험을 경감할 수 있으나 완전한 위험회피는 어려운 실정이다. 특히, 이표채에 투자할 경우 금리변동에 따라 재투자 위험이 존재한다.

이를 방지하기 위해 복리채, 할인채에 투자하면 채권만기까지는 재투자 위험을 회피할 수 있다.

유동성

채권의 유동성이란 투자자가 돈이 필요한 경우 화폐가치의 손실없이 즉시 채권을 현금으로 전환할 수 있는 정도를 말한다.

채권은 채권 발행자의 신용도가 높아 채무이행이 완전히 보장될때, 만기가 비교적 단기여서 채권수익률이 변화하여도 채권가치에 미치는 효과가 크지 않을때 유동성이 크며 유통시장의 발달하면 할수록 채권의 유동성은 더욱 커지는 경향이 있다.

채권의 종류

발행주체에 의한 분류

① 국 채

국가가 발행하는 채권으로 정부가 원리금 지급을 보증하는데, 국민주택채권, 재정증권, 양곡기금증권, 외국환평형기금채권 등이 있다.

② 지방채

지방자치단체에서 발행하는 채권으로 서울도시철도채권, 상
수도공채, 지역개발채권 등이 있다.

③ 특수채

특별법에 의하여 설립된 법인이 발행하는 채권으로서 전신전
화채권, 전기통신공사채권, 기술개발금융채권, 토지수익연계
채권 등이 있다.

④ 금융채

특수채중 발행주체가 은행인 채권으로서 산업금융채권, 외국
환금융채권, 통화안정증권 등이 있다.

⑤ 회사채

주식회사가 발행하는 채권으로서 일반사채, 전환사채, 담보부
사채, 신주인수권부사채, 옵션부사채, 교환사채 등이 있다.

이자지급에 의한 분류

① 할인채

액면금액에서 상환일까지의 이자를 미리 공제한 금액으로 매
출하는 채권으로서 산업금융채권, 통화안정증권 등이 있다.

② 복리채

이자가 만기일 전 분할 지급되지 않고 복리로 재투자되어 만
기상환시 원금과 이자가 지급되는 채권으로서 국민주택채권,
양곡증권(만기3년 이상) 등이 있다.

③ 이표채

채권의 권면에 이자지급 교부표가 붙어있어 이자지급일에 일정이자를 지급받는 채권으로서 회사채, 국고채(만기3년 이하) 등이 있다.

채권 발행시장 및 유통시장

채권시장도 주식시장과 마찬가지로 발행시장과 유통시장으로 나누어진다. 발행시장은 채권이 발행자로부터 투자자에게 공급되는 시장이라고 하면, 유통시장은 이미 발행된 채권이 투자자간에 매매되는 시장을 말한다.

채권의 발행시장에서 자금을 조달하려는 채권발행자는 신규 창출한 채권을 직접 투자자에게 매각하는 직접발행방식을 이용하거나 전문적인 발행기관에게 전반적인 발행업무를 의뢰하여 이 발행기관이 발행채권을 투자자들에게 매출하는 간접발행방식을 이용할 수 있다.

한편 채권의 유통시장에서는 채권의 만기 전에 투자채권을 현금화하려는 기존 투자자들과 이들에 의해 공급되는 채권에 투자하려는 새로운 투자자들간의 수요에 의해 채권의 거래가 이루어지는데 금융기관, 일반법인, 각종기금 및 공제조합, 증권회사와 개인투자자 등이 포함된다.

채권은 어떻게 발행되나

채권의 발행방법은 발행채권에 대한 투자자의 대상범위에 따라 사모발행과 공모발행으로 구분된다.

　사모발행(私募發行, Private placement)은 발행기업이 직접 소수의 원매자와 사적 교섭을 통하여 증권을 매각하는 방법으로 보통 유동성이 매우 낮은 회사채의 발행시 활용된다. 따라서 공모채 보다 이자율이 높고 만기가 짧은 것이 일반적인데 발행자나 매입자의 특별한 요구를 만족시킬 수 있는 규정을 신축적으로 둘 수 있다.

　반면 공모발행(公募發行, Public offering)은 불특정 다수의 투자자를 대상으로 채권을 발행하는 방법으로 증권발행에 따른 위험을 발행자 또는 발행기업이 부담하는 경우를 직접발행이라고 간접발행은 인수업자가 발행자로부터 발행증권의 전부 또는 일부를 인수하여 발행위험을 부담하고 발행사무도 직접 담당하는 경우다.

채권수익률은 어떻게 결정되나

채권투자에 있어서 그 투자성과를 평가하는 것이 채권수익률이다.

채권수익률이란 채권에 투자하여 얻을 수 있는 수익의 크기를 나타내는 척도로서 예금의 이자율과 같은 개념이다. 즉 투자자가 만기시까지 채권을 보유할 경우에 얻을 수 있는 총수익을 현재의 투자원금으로 나눈 비율을 연단위(복리기준)로 환산하였을 때에 투자수익률을 말한다. 그리고 채권수익률은 고정된 것이 아니며 주식이나 환율처럼 유통시장에서 국내외 금융시장의 여건변화에 의하여 변화하게 되고 이에 따라 채권의 가격도 달라진다.

채권수익률의 결정요인

채권수익율의 변화에 영향을 주는 요인으로 우선 채권수익률은 유통시장에서의 채권의 수요와 공급에 영향을 받는다.

채권의 수요가 증가하면 채권가격은 상승하고 채권의 수요가 감소하면 채권가격은 하락한다. 그리고 시중의 자금사정과 수익률은 밀접한 상관관계가 있는데, 시중의 자금흡수 및 공급은 금융시장에 민감하게 반영되어 콜시장, 어음할인시장 등에 영향을 주어 단기 채권수익률을 좌우하게 된다.

즉 시중의 자금이 풍부한 경우 시중의 실세금리가 하락하고, 기존의 채권수익률로 채권을 매입하는 것이 유리하게 됨에 따라 채권의 수요가 증가하게 되어 채권수익률의 하락을 가져온다. 특히 채권수익률은 단기채권의 경우 당시의 시중 자금사정, 장기채권의 경우는 정부의 재정금융정책에 의하여 영향을 받는데 금융정책 중에서도 중요시되는 것이 정기예금 금리로서, 이는 채권투자에 따른 수익이 정기예금 수익률과 비교가 되기 때문이며 정기예금 금리와 채권수익률은 정의 상관관계를 가지고 있다.

이외에도 경기동향이나, 물가, 채권의 잔존기간, 표면이자율, 발행자가 원금상환을 제대로 이행하지 못하는 경우의 위험인 채무불이행 위험, 유동성 등에 따라 채권수익률에 영향을 주게 된다.

채권수익률의 종류

채권수익률은 채권에 투자하여 얻을 수 있는 수익의 크기를 나타내는데 그 이용목적과 산출방법에 따라 여러 가지가 사용된다.

만기수익률(유통수익률)

채권을 만기까지 보유할 경우 받게 되는 모든 수익이 투자원금에 대하여 1년간 어느 정도의 수익을 가져오는가를 나타내는 예상수익을 말하며, 통상 이미 발행된 채권이 유통시장에서 계속 매매되는 과정에서 시장여건에 따라 형성되는 유통수익률을 의미한다. 즉 채권으로부터 얻을 수 있는 현금 흐름의 현재가치와 그 채권의 시장가격을 일치시켜 주는 할인율과 같다. 일반적으로 채권의 가격계산은 유통수익률을 기준으로 산정한다.

연평균수익률

만기가 1년 이상인 채권에 있어서 만기까지의 총수익을 원금으로 나눈 후 해당년수로 나눈 단리수익률을 의미하며 해당년수가 길수록 연평균수익률은 이자의 재투자로 인한 이자수입이 증가하므로 높게 나오는 경향이 있다. 연평균수익률은 실효수익률과는 달리 연단위 산술평균수익률이다.

실효수익률

채권의 수익을 측정하는데 있어서 재투자율을 적용하여 채권의 원금, 표면이자, 재투자 수익 등 세 가지 수익을 모두 계산한 투자수익의 증가율을 나타내 주는 지표가 실효수익률이다.

실현수익률의 경우에는 일정투자기간 만료일 현재의 시장가격에 의거 자본손익을 계산하고 있는 점이 만기수익률과 다르다.

인수수익률

발행시장에서 채권이 발행되어 처음 매출될 때 발행시장과 유통시장의 금리차가 커서 매출이 원활하지 못한 경우가 많은데 이때 발행기간이 그 금리차 만큼을 인수기관에게 보전시켜 주기 위하여 지급하는 것이 인수수수료이다.

인수가액은 매출가액에서 인수수수료 해당액 만큼을 공제한 가격이 되는데, 이 인수가액과 이로 얻어지는 모든 수익과의 비용을 년단위로 환산한 것을 인수수익률이라고 한다.

발행수익률

발행시장에서 채권이 발행되어 처음 매출될 때, 매출가액으로 사는 경우 매출가액과 이로부터 얻어지는 모든 수익과의 비율을 연단위로 환산한 비율을 말한다. 한편 매출에 응모한 사람이 얻을 수 있는 수익률이란 뜻에서 응모자 이율이라고도 하며, 발행자의 입장에서는 금리부담 비용을 의미한다.

세전수익률과 세후수익률

세전수익률이란 일정기간동안의 채권투자로 얻은 수익에서 보유기간동안의 경과이자에 대한 세금을 공제하기 전의 수익률을 말하며, 세후수익률이란 이자에 대한 세금을 공제한 후의 수익률을 말한다.

나라간 돈을 교환하는 비율인 환율

환율? USD 1 : KRW 1,170

우리나라에서 일상적 생활 중에 사용되는 돈과 다른 나라에서 사용되는 돈의 가치는 다르다. 예를 들어 우리나라 돈 1,000원과 미국 돈 1달러는 그 가치가 다른데, 특히 물건을 사고 파는 과정에서 대금의 지불시에는 그 돈의 대외적 가치에 따른 당사자 사이의 입장 차이가 날 수 있다.

오늘날과 같이 세계 여러 나라와 무역거래가 경제활동의 중심이 된 경우라면 특히 돈의 대외적 가치에 따른 교환할 수 있는 가이드라인이 필요하다. 환율은 바로 이러한 과정에서 태어나게 되었는데, 국가간의 거래과정에서 사람들은 거래대금을 결제하기 위해 자기 나라 돈과 외국돈을 바꾸거나 외국돈과 외국돈을 바꾸는 등 서로 다른 두 나라 돈을 교환하면서 상호간에 교환비율을 정한 것이 바로 환율이다. 그래서 "미국 돈 1달러 = 한국 돈 1,170원"이라는 것은 달러화와 원화의 교환비율이 1 : 1,170이라는 것으로 1달러와 1,170원이 서로 교환된다는 것을 의미한다.

즉 환율은 일정시점에서 어떤 한 나라의 통화와 다른 나라 통화와의 교환비율로서 외환 1단위를 얻기 위해서 지불해야 하는 자국통화의 수량을 말한다.

환율의 표시방법

은행에 가면 현재의 환율을 표시하는 외환시세 전광판이 있다. 아래의 외환시세표에 보이는 환율의 표시방법은 USD 1 = 1,171.00원임을 알 수 있는데(매매기준율 – 은행간 적용되는 응시환율), 이렇게 표시하는 방법이 우리나라를 포함한 대부분의 국가에서 자국내 외환거래에 사용하고 있는 환율표시방법이다. 즉 외화 1단위로 자국통화의 교환대가를 표시하는 방법으로 자국통화 표시법이라고 하는데, 2003년 9월 17일 17 : 00 현재 달러화의 경우 USD 1 = KRW 1,171.00, 엔화의 경우는 JPY 100 = KRW 1,007.96임을 알 수가 있는데, 이는 외국 돈 1단위가 자기 나라 돈 몇 단위와 교환되는 가를 나타내는 방법이다.

반면 우리나라 돈 1원으로 다른 나라의 돈 몇 단위와 교환되는 가를 나타내는 외국통화표시법은 1원 = 1/1,171.00 USD로서 1원 = 0.0008539 USD로 교환된다는 방법이다. 즉 자국통화 1단위에 대한 외화의 교환대가를 표시하는 방법인데, 영국, 호주, 뉴질랜드 등 국가에서 사용하고 있다. 외국통화표시법에 따라 표기하면 우리나라에서 KRW 1 = USD 0.0008539가 된다. 즉 자국통화표시법과 외국통화표시법은 환율을 서로 반대로 표시하고 있다.

[외환시세표]

(2003. 09. 17. 17 : 00 현재)

통화명	매 매 기 준 율	현　찰		송금(전신환)	
		살 때	팔 때	보낼때	받을때
1USD	1171.00	1191.08	1150.12	1182.00	1159.20
100¥	1007.96	1025.59	990.33	1017.83	998.09
1EUR	1320.38	1346.65	1294.11	1333.58	1307.18
1CNY	141.42	148.49	128.70	–	–

고정환율제도와 변동환율제도

고정환율제도

　고정환율제도(固定換率制度, Fixed exchange rate system)는 환율변동을 전혀 인정하지 않거나 그 변동폭을 극히 제한하는 환율제도를 말한다. 가장 전통적인 고정환율제도는 19세기말~20세기초의 금본위제인데, 이 제도하에서 각국은 자국통화의 가치를 금(金)에 고정시키고 금태환성을 보장함으로써 모든 통화에 대한 환율을 안정적으로 유지할 수 있었다. 제2차대전 이후

1973년까지 유지되었던 브레튼우즈체제도 고정환율제도의 한 형태로서 이 제도하에서는 미달러화만이 금에 대해 가치가 고정되었고 금태환성이 보장되었다. 그리고 기타 국가는 미달러화에 자국통화의 가치를 고정시켜서 운용하였다.

고정환율제도는 환율이 안정적으로 유지됨에 따라 경제활동의 안정성이 보장되어 대외거래를 촉진시키는 장점이 있으나 환율 변동에 의한 국제수지의 조정이 불가능함에 따라 대외부문의 충격이 물가불안 등 국내 경제를 불안정하게 하는 단점도 있다.

변동환율제도

변동환율제도(變動換率制度, floating exchange rate system)는 일정한 범위 내에서 환율을 유지하는 것이 아니라 외환시장에서의 수요와 공급에 맡겨 환율이 자유롭게 형성되도록 아무런 제약을 하지 않는 제도이다.

1978년 4월 출범한 킹스턴 체제에서 IMF는 각 국에 환율제도의 선택재량권을 부여함으로써 변동환율제를 사실상 인정하였다. 대부분의 나라가 변동환율제도를 채택하고는 있으나 현실적으로 완전한 자유변동환율제도를 사용하는 나라는 거의 없다.

다만, 대부분의 나라에서는 자국화폐의 환율 결정을 외환시장의 수급에만 의존하지 않고 정부가 직접 또는 간접적으로 규제하는 관리변동환율제를 채택하고 있다.

변동환율제도는 환율변동의 신축성에 따라 아무런 제약이 없는 자유변동환율제(Freely flexible exchange rate system)와 일정한 범위 내에서 제한을 가하는 제한변동환율제(Limited flexible exchange rate system)로 구분되는데, 후자는 다시 고정평가로부터의 변동폭을 2%~5%로 확대하는 확대변동폭변동환율제(Wider band)와 평가를 소폭으로 정기적으로 변경시키는 점진적 평가조정제(Crawling peg system)로 구분된다. 우리나라는 현재 자유변동환율제를 채택하고 있다.

환율에 영향을 주는 요인

환율은 매일 마다 오르락내리락하고 있다. 환율의 변동은 기업이나 금융기관, 개인 할 것 없이 모두의 관심사인데, 이렇게 매일 변하는 요인은 무엇일까?

일반적으로 환율은 외환시장에서 외환의 수요와 공급에 따라 결정이 되는데 장기적으로 보면 환율은 양국의 금리와 인플레이션에 의해 결정된다고 학자들은 말한다. 그러나 실제적으로는 환율도 외환에 대한 가격이므로 외환의 수요와 공급에 따라 결정되어지며, 기본적인 환율변동의 요인으로는 물가와 경상수지, 금리, 통화량과 단기적인 요인으로는 외환의 수급동향, 환율등락에 대한 기대심리, 국제금융시장의 동향 등이 있다.

우선 물가는 환율에 직접적인 영향을 미치는 요소인데, 우리나라의 물가가 다른 나라에 비해 높이 상승한다면 이는 우리나라 수출경쟁력의 약화를 유발하게 되고 이에 따라 국내수입 수요가 증대되어 외환의 초과수요가 발생하여 결국 경상수지의 악화로 이어진다. 따라서 환율은 상승하며 이에 원화의 가치는 반대로 하락하는 관계에 놓이게 된다는 것이다.

그리고 경상수지의 경우 일반적으로 환율과 반비례의 관계에 있다고 한다. 예를 들어 경상수지 흑자가 확대되면 우리나라의 경제가 활성화될 것에 대한 예상으로 이어지고 이에 따라 금리의 상승 또는 우리나라 경제의 건전성에 대한 신뢰가 확대될 것으로 기대하게 되어 외환시장에서 원화에 대한 매입을 증대시켜 환율의 인하를 가져온다.

또한 금리의 경우도 환율과 반비례의 관계에 있는데, 우리나라의 금리수준이 외국보다 높으면 높은 이자수익을 얻기 위해 외국투자자들이 우리나라 은행에 예금을 하거나 우리나라 채권을 사려고 할 것이므로 외국 돈의 공급이 늘어나 환율이 하락하게 된다.

마지막으로 우리나라의 통화량이 상대적으로 증가하게 되면 원화의 가치가 감소하고 달러의 가치는 상승하게 됨으로 환율은 상승하게 되며 반대로 통화량이 상대적으로 감소하게 되면 원화의 가치는 상승하고 달러의 가치는 하락하여 환율은 떨어지게 되는 것이다.

원고가 되면 불황이 된다?

"원고가 되면 대외수출이 고전한다?" 즉, 원화가치가 달러화에 비해 높아지면 수출시장에서 불리해 진다는 말이다. 원고(원高)와 원저(원低)라는 말은 기준이 되는 나라의 돈에 비해 우리 나라의 돈의 가치가 상승, 하락했다는 의미로 그 기준이 되는 화폐를 기축통화라고 하는데, 세계적으로 기축통화는 미 달러화이다.

여기서 기축통화라고 하는 것은 미국 예일대 교수였던 트리핀(Triffin, R.)이 처음 사용한 말인데, 국제간의 결제나 금융거래의 기축(基軸, 무슨 일의 중심이 되는 부분이라는 말)이 되는 특정한 나라의 통화를 의미하는 것으로, 영국 파운드화, 미국의 달러가 그 예이다. 현재 시점에서 나라간에 돈을 바꿀 때 가장 많이 사용되는 기축통화인 미 달러화를 기준으로 해서 달러화에 비해 상대적으로 원화의 가치가 올라가는 것을 원高, 원화의 가치가 내려가는 것을 원低라고 한다.

그러면 원고가 되면 우리나라 상품의 대외수출이 불리해진다는 말은 무엇을 의미할까?

예를 들어 10일전에는 USD 1 = 1,240원이었는데, 오늘은 USD 1 = 1,140원(100원 상승)이라면 이러한 원화 상승세가 지속될 때 원화의 가치는 자꾸 높아지게 된다.

수출하는 기업의 입장에서 살펴보면 10일 전에는 수출대금으로 1달러 당 1,240원을 받았지만, 원화 상승이 계속이어져, 오늘의 경우라면 1달러 당 1,140원 밖에 받지 못한다. 동일한 상품과 동일한 양을 수출하였지만 환율의 변화에 따라 10일만에 그 자리에서 1달러 당 100원을 손해봐야 한다.

바로 여기서 수출경쟁력이라는 말이 나온다. 그 기업은 10일 전에 수출한 상품과 동일한 것을 다시 수출하려고 하면 1달러 당 100원씩을 손해봐야 한다. 물론 생산성 합리화와 같은 기업 경쟁력 강화를 위한 별도의 장치를 통해 이러한 문제가 개선될 수 있지만, 원칙적으로 현재의 입장에서는 최소 1달러 당 100원씩의 손실을 감수하고 수출할 수 밖에 없는 것이고, 만약 이러한 가격으로 수출하기가 곤란하면 그 기업은 해당 상품의 수출단가를 높여 수출할 수 밖에 없다.

하지만 상품을 수입하는 상대 나라의 입장은 다르다. 동일한 상품이 가격이 올라가게 되면 그 구입여부에 대해 다시 한번 검토해 볼 수 있고, 또 경쟁상품이 있다면 그 쪽에 관심을 둘 수 있다. 만약 이러한 대외무역에 있어 수출환경의 변화가 지속된다면 수출 규모가 축소되며, 이는 곧 생산활동의 위축으로 영향을 미치게 될 것이고, 국내경기는 더욱 어려워 경기악화를 가져올 수 있다.

하지만 원고가 수입하는 경우라면 달리 볼 수 있다. 위의 예시설명에서와 같이 수입하는 기업의 경우라면 10일 전과 현재는 가만히 앉아서 1달러 당 100원의 이익을 보는 셈이다. 즉 동일한 상품을 수입하면서 10일 전보다 1달러 당 100원을 더 적게 지불하므로서 기존에 비해 수입단가의 하락은 기업의 입장에서는 채산성을 높이는 주요 요인이 된다.

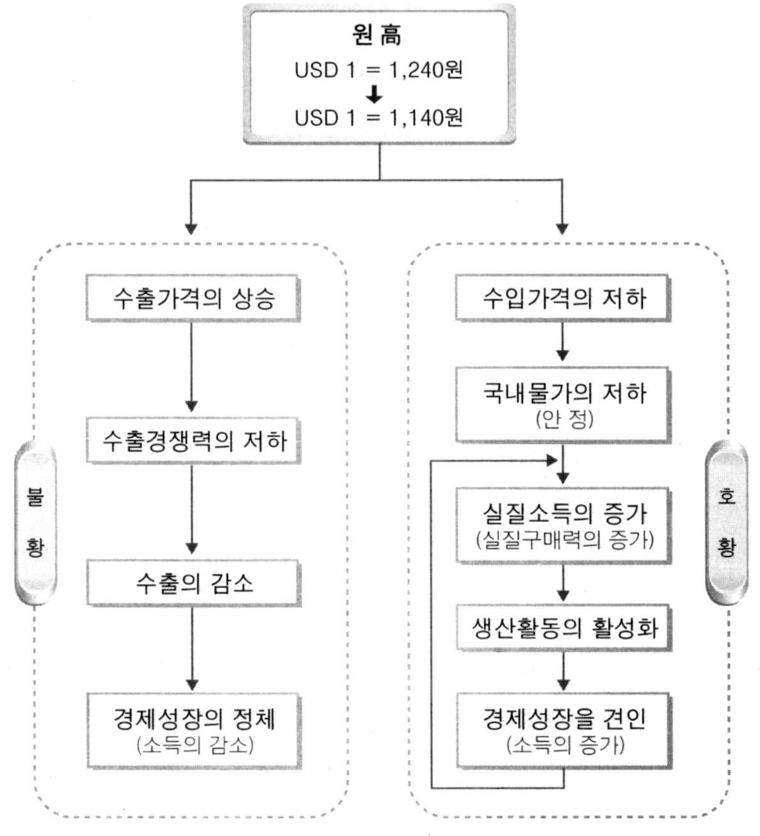

1. 안철원·이근식, 경제원론B, 한국방송통신대, 2001. 7

2. 한국은행, 「알기쉬운 경제지표 해설」, 2000. 6

3. 한국은행, 「2001년 국민계정(잠정)」, 2002. 3

4. 미래와경영, 미래와경영연구소, NEW 경제용어(2003~2004), 2003. 1

5. 현암사, 경제용어사전, 1998. 1

6. 권종호, 전자어음제도의 도입과 법리적 과제

7. 증권거래소 http://www.kse.or.kr/

8. 한국증권업협회 http://www.ksdabond.or.kr/

9. 통계청, www.stat.go.kr, 2003년 8월 기업경기조사 결과

10. 통계청, www.stat.go.kr, 2003년 8월 소비자전망조사 결과

11. 머니투데이

12. 디지털타임즈

13. 문화일보

14. 연합인포맥스

경제지식이 힘이다

지은이 : 맹 정 섭
펴낸이 : 조 헌 성
편집 : 정 혜 진
인쇄 : 해외정판사 박 진 호
제본 : 예림제책사 황 치 호
지업 : (주)우일펄프앤페이퍼 권 오 훈
펴낸곳 : (주)미래와경영
등록번호 : 제 16-2128호

제1 판 1쇄 인쇄　2003년　9월 25일
제1 판 1쇄 발행　2003년　10월 10일

값 10,000 원

ISBN　89-89165-44-X　03320

ⓒ 미래와경영, 2003

Copyright ⓒ 2003 by Future&Mangement Co.,Ltd.
942-2 Dogok-dong Gangnam-gu, Seoul, Korea.
All rights reserved. First edition Printed in Korea.

www.FMbook.com

서울시 강남구 도곡동 942-2　TEL : (02)579-3745(대표)　FAX : (02)579-3746　http://www.Munseo.net